Divina de la Mente

ANA GARCÍA
DEL BARRIO

Divina de la Mente

DESCUBRE TU CAMINO DE
TRANSFORMACIÓN PERSONAL

DIANA

Obra editada en colaboración con Editorial Planeta – España

Bajo el sello editorial DIANA M.R.
Avenida Presidente Masarik núm. 111,
Piso 2, Polanco V Sección, Miguel Hidalgo
C.P. 11560, Ciudad de México
www.planetadelibros.com.mx

Diseño del interior: © Diego Carrillo
Ilustraciones del interior: © NotionPic / Shutterstock, © Ana Vasco

Primera edición impresa en España: mayo de 2021
ISBN: 978-84-08-24229-1

Primera edición impresa en México: mayo de 2022
ISBN: 978-607-07-8714-0

Impreso en los talleres de Impresora Tauro, S.A. de C.V.
Av. Año de Juárez 343, Col. Granjas San Antonio,
Iztapalapa, C.P. 09070, Ciudad de México
Impreso y hecho en México / *Printed in Mexico*

Índice

PRIMERA PARTE
LA INMERSIÓN EN NOSOTROS MISMOS

     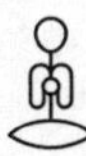   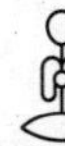

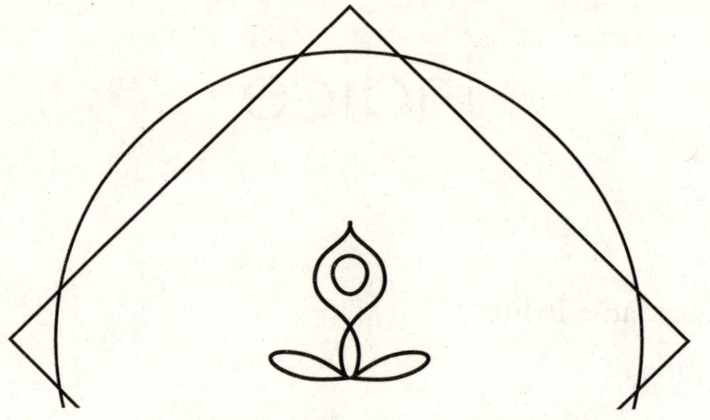

SEGUNDA PARTE
LOS PILARES DEL CAMBIO

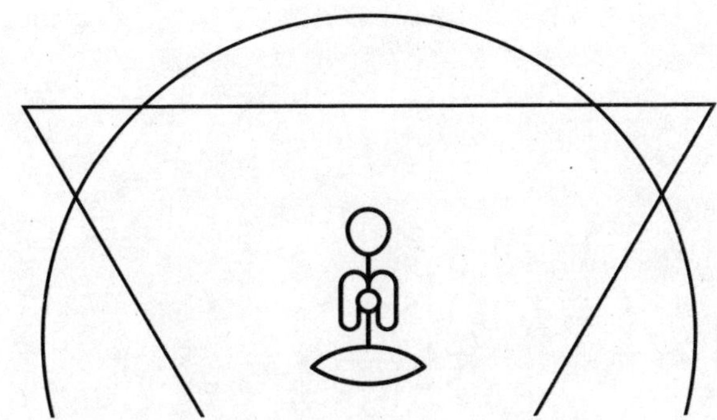

TERCERA PARTE
MEDITACIONES PARA TU DÍA A DÍA

Que tus elecciones
reflejen tus esperanzas,
no tus miedos.

NELSON MANDELA

Los pequeños pasos
mantenidos en el tiempo
tienen la capacidad
de cambiar por completo
la trayectoria de tu vida.

ELENA BROWER

*A todos los que me acompañáis
en este camino.*

*A todos los que me protegéis
desde el cielo.*

El contenido de este libro puede rememorar momentos difíciles de tu vida. No dudes en buscar ayuda profesional si lo necesitas. La información de este libro está basada en la experiencia y conocimiento de la autora, pero en ningún caso es sustitutiva de terapia ni de recomendaciones médicas o psicológicas. Por encima de todo, cuida de ti mismo y pide ayuda cuando lo necesites.

De la oscuridad a la luz

Durante muchos años no supe ni quién era ni qué quería hacer con mi vida. No encontraba un propósito a nada de lo que hacía y sentía que todas las decisiones que había tomado hasta la fecha, buenas o malas, estaban desconectadas de quién era yo. Estaba desesperada, sobre todo conmigo misma, y perdida en una profunda oscuridad.

En el 2012 toqué fondo y mi vida se desmoronó. Tenía treinta años. Desde 2010 vivía en Australia con mi entonces marido, Fernando, del que estaba distanciada emocionalmente. Me encontraba como una mierda a nivel físico: enfermaba cada dos por tres y lloraba sin motivo en los baños de la oficina. Estaba sumida en una depresión de la que nadie tenía noticia y sentía que mi vida iba cuesta abajo y sin frenos.

Mis reacciones emocionales eran impredecibles: ante un hecho insignificante lo mismo podía deshacerme en un mar de lágrimas como responder con agresividad o tener un ataque de pánico. O me quedaba petrificada cuando necesitaba ponerme urgentemente en movimiento. Entonces, la ola del momento me revolvía a su antojo hasta que, sin que yo pudiera hacer nada para evitarlo, decidía escupirme en cualquier lugar de la orilla hecha un cuadro.

Desde fuera, mi vida era absolutamente normal, afortunada de hecho. Tenía trabajo, pareja, venía de una familia normal sin traumas aparentes y ganaba lo suficiente para pagar el alquiler, la comida e incluso algún que otro capricho. **¿Por qué me sentía vacía, perdida, insegura y sin ilusión?**

Como provengo de una familia que durante generaciones ha hecho frente a muchas dificultades para salir adelante, la culpabilidad me martirizaba. «No valoras lo que tienes»; «Si hubieras pasado por una guerra, se te quitarían estas tonterías»; «Estos problemitas tuyos son estupideces comparados con las desgracias que hay en el mundo», me decían las voces en mi cabeza.

Además, miraba alrededor y parecía que todo el mundo tenía un plan de vida perfectamente trazado y que funcionaba de maravilla. Me imaginaba a la gente saludando feliz y sonriente desde el trenecito de Barrio Sésamo, sobre vías que tenían un destino certero. Por el contrario, mi vida era más bien como el videoclip de *Wrecking Ball* de Miley Cyrus: yo demoliendo todo lo que había construido a mi alrededor. Aquel contraste entre lo que veía fuera y lo que me sucedía dentro me hacía sentir aún más sola y encerrada en las mazmorras de mi existencia.

Y, encima, como guinda del pastel, me asediaba el insomnio. Vivía como una zombi, ingiriendo grandes dosis de cafeína para compensar las noches en vela y la resaca del día anterior. **¡Imagina con qué buen cuerpo me levantaba después de haber cenado una botella de vino, unos mejillones en lata y, de postre, una pastilla para dormir!**

A veces, en medio de una reunión de trabajo me sentía desconectada, como si no fuera yo la que estaba presente. No sabía qué hacía ni cómo había llegado a aquella sala. Debo reconocer que tenía mérito ser capaz de funcionar en aquel estado, salir cada tarde de la oficina sin haber perdido mi trabajo.

Ansiaba dar valor a mi vida y sacudir mi desesperación como si fuera una tontería insignificante, una mota de polvo en el abrigo. Pero lo peor de todo era que no sabía qué hacer para poner remedio a aquella sensación, que no tenía fuerzas para intentar salir del pozo.

¿De dónde venía todo aquello? ¿Cómo y cuándo iba a encontrar la puerta de salida entre tanta oscuridad?

La respuesta a aquellas preguntas se hizo esperar: el proceso de ordenar mi vida fue gradual y, muchas veces, fue el resultado de pruebas y errores. **No hay una píldora universal que funcione para todos los seres humanos porque, para encontrar nuestro propósito en la vida, tenemos que empezar por conocernos.**

En mi caso, encontré en el yoga y en la meditación las vías para mi autoconocimiento, para llegar a lo más profundo de mi ser. Gracias a estas disciplinas he aprendido a crear las condiciones para mantener un estilo de vida físico, mental y emocional sólido y sostenible en el tiempo, y he descubierto nuevas vías de percepción y entendimiento. También encontré en las técnicas de visualización, ejercicios para evocar estados de bienestar, la posibilidad de redirigir mis emociones y de crear efectos positivos en mi interior a demanda. Además, la programación neurolingüística (PNL) me reveló formas de eliminar barreras mentales y bloqueos y de transformar mi realidad modificando el sentido que daba a lo que me sucedía. En definitiva, retomando, en la medida de lo posible, el control sobre mi mente y mis emociones.

Con este libro quiero compartir contigo lo que, en su día, me ayudó para ir desde la oscuridad a la luz. Estos son los apuntes de mi transformación y, si quieres, los de la tuya: en sus páginas encontrarás ejercicios, reflexiones, preguntas y contemplaciones que sirven como portales hacia tu interior y hacia otras formas de interpretar tu realidad que te ayudarán a descubrir nuevas perspectivas. Se trata de herramientas que me han servido mucho y que sigo utilizando en mi día a día y con personas con las que trabajo como *coach*.

No te preocupes si no tienes experiencia previa meditando. Como veremos, la meditación es una herramienta más accesible y fácil de utilizar de lo que pensamos. En este libro te ofrezco formas para realizarla en cualquier momento y lugar de manera espontánea.

Además, a lo largo del libro iré desgranando lo que he aprendido a través de mi propia experiencia, porque es la que de verdad conozco. Desde mi punto de vista, solo podemos entender el presente si comprendemos de dónde venimos, y solo podemos construir el futuro que queremos si vivimos nuestro presente plenamente, le extraemos todo el jugo y nos orientamos con ilusión e intención hacia delante.

Por esta razón, verás que en algunos pasajes vuelvo hacia atrás con la intención de examinarme y de desenredar la madeja de mi vida. El objetivo de esta indagación es identificar las creencias que adopté en la infancia; los muros que construí con mi mente y que sigo derribando cada día.

Juntos viajaremos atrás en el tiempo y nos iremos parando en diferentes momentos de mi vida que me han ido revelando quién soy y que dan sentido a lo que ocurrió después. Muchos de estos sucesos los he desvelado con ayuda de psicólogos, en sesiones de *coaching*, después de meditar, fregando los platos, paseando por mi barrio, escribiendo este libro... Algunos son situaciones cotidianas que, en su día, pasaron desapercibidas, pero ahora veo que me han dado pistas para comprender **de dónde vengo, dónde estoy y adónde me dirijo; qué me gusta y por qué; de qué me alejo y por qué; cuáles son mis tendencias naturales y cuáles de ellas me sirven hoy en día y cuáles no.** Todas estas preguntas las he empezado a responder gracias a que toqué fondo.

Es probable que también hayas vivido experiencias similares a las que cuento, a tu manera y en tu propio contexto. Mientras lees este libro, quizás recuerdes pasajes de tu vida que estaban enterrados en tu memoria. Tal vez sean reminiscencias de tu niñez que ahora, de repente, tienen un significado distinto para ti. A lo mejor, la nueva interpretación de ese recuerdo todavía no se ha manifestado, pero sabes que está esperando el momento adecuado para aflorar.

Te recomiendo que leas este libro pausadamente para que puedas prestar atención a lo que despierta dentro de ti.

Con este libro me gustaría mostrarte que **tienes todas las herramientas necesarias para transformar tu estado emocional cuando lo necesites:** puedes atraer, invocar, llamar y recordar sensaciones para transformar tu ánimo. Puedes calmarte o llenarte de energía. Puedes dotar de intención y propósito las actividades triviales de tu vida y aportarle así profundidad y color. Verás como tu vida, sin necesidad de cambios externos, comienza a transformarse.

Nadie mejor que tú sabe cómo cuidar de ti, lo que te hace sentir bien y lo que necesitas en cada momento. Utiliza tu mente para adaptarte sabiamente a las situaciones que te plantea la vida; sírvete de tu cuerpo para acercarte aún más a ti y con tu espíritu recupera la conexión contigo mismo, con los demás y con el todo.

Cada momento
es una oportunidad nueva
para hacer de esta vida
lo que queremos que sea.

Aunque no soy psicóloga y este libro no pretende sustituir la psicoterapia, sí que puedo asegurarte la eficacia de las prácticas que encontrarás en sus páginas. Yo misma sigo realizando estas prácticas en muchos instantes de incertidumbre, cambios, alegrías y desesperanzas y, créeme, me ayudan. He diseñado cada uno de sus ejercicios desde el lugar emocional en el que me encontraba en cada momento, todos muy diferentes entre sí. Sin embargo, todos tienen en común una cosa: son un portal para explorarnos, conocernos y refinar nuestra actitud ante el mundo.

Por último, me gustaría invitarte a hacer todo lo que sientas con este libro: escribe, señala, subraya, dibuja, tacha… **¡Sácale todo el jugo que necesites y hazlo tuyo!** Espero de corazón que te acompañe en diferentes capítulos de tu vida, que sea tu compañero de viaje en tus altibajos, tu refugio allí donde te encuentres. Ojalá sus páginas te inspiren y te ayuden a emprender el camino hacia ti mismo. Y recuerda siempre: esta es tu vida; puedes hacer de ella lo que quieras.

Mi derrumbe

«Te noto apagada, como triste... ¿Te encuentras bien?», me preguntó mi jefa una mañana. Me quedé mirándola sin saber qué contestar. Aunque la respuesta era evidente, me había pillado desprevenida.

La realidad es que llevaba sin dormir bien semanas, probablemente meses. Alternaba noches sin pegar ojo con días en los que no podía ni levantarme de la cama por el cansancio acumulado.

Por aquel entonces trabajaba como analista de riesgos en un banco de Brisbane (Australia). Era un puesto muy especializado y codiciado, con potencial para ascender y de los que aportan gran visibilidad dentro de la empresa.

Conseguí ese trabajo cuando aún no había obtenido siquiera la residencia permanente en Australia. La experiencia que había ganado trabajando para otro banco en Madrid me dio ventaja competitiva sobre los demás candidatos de Brisbane, a pesar de que en aquel momento no era ciudadana ni residente permanente del país y de que mi inglés tuviera —digámoslo bonito— potencial para mejorar.

Mis tareas consistían en actualizar a diario hojas de cálculo inmensas para ver el impacto que una subida o bajada del tipo de interés podría tener en la valoración de los activos y pasivos del banco, y en redactar informes y recomendaciones a la tesorería de la entidad.

Miraba a mi alrededor y veía la cara de motivación de mis compañeros de trabajo, veía su interés en lo que hacían, veía ambición. ¿Por qué yo no sentía nada de eso? Cuando levantaba la vista de mi ordenador, me sentía como una planta a la que habían arrancado de su lugar de origen —tampoco sabía muy bien cuál era— y forzado a echar raíces en un terreno extraño.

Atrás habían quedado los años de estrés insoportable en Madrid durante los que trabajaba entre diez y doce horas al día, a veces más. En aquella época, en vez de ver que mi carrera me había abierto puertas, pensaba que había sido mi condena, que me había aportado la estabilidad de estar encerrada en una jaula. **Me odiaba por aceptar un sueldo a costa de vivir una vida que no me gustaba.** Sentía que con cada nómina me había vendido y traicionado un mes más. Según escribo estas palabras, sonrío. Nada de esto es cierto, pero me autoconvencía con ideas que solo conseguían hundirme más.

Quería estudiar otras cosas, encontrar mi vocación, pero no me atrevía por miedo a fracasar, al qué dirán y a que mi familia dejara de sentirse orgullosa de mí. Además, sabía que mi sensación de ahogamiento era un problema del primer mundo. ¿Quién era yo para quejarme si era una privilegiada? Aquello me llenaba de culpa, tristeza y todavía más desesperación.

Como el yoga todavía no había llegado a mi vida, solo podía apostar por la única solución que me había funcionado hasta entonces: escapar. Como he contado en el pódcast de *Divina de la Mente*, me marché con Fernando a vivir a Australia. Pero no nos fuimos a la aventura. Yo no estaba preparada para dejar todo sin más; mi sentido de la responsabilidad me lo impedía. Fue él quien consiguió trabajo y un visado temporal que nos permitiría trabajar a los dos.

Pero antes de marcharnos decidimos casarnos en cuestión de dos semanas, no por la ilusión de construir una vida juntos, sino porque pensamos que sería la solución más práctica y que, además, amortiguaría el palo a nuestras familias. Para ellos fue muy duro despedirnos. Para mí, no.

Llegamos a Australia pensando que habíamos aterrizado en el paraíso, pero en la maleta me había

traído todas aquellas viejas creencias y formas de pensar que me perseguían y bloqueaban allí donde fuera.

Necesitaba encontrar un trabajo lo antes posible. No porque me hiciera falta el dinero con urgencia para comer, sino para no sentirme inferior a mi marido y al resto del mundo. Para que vieran que no había fracasado. Sin trabajo no era nadie ni merecía nada. **Solo me preocupaba reconstruir lo que yo pensaba que era mi identidad. Esa identidad basada únicamente en la validación de otros, en lo que hacía, en lo que conseguía, en la idea de éxito que tenía en aquel entonces.**

Cuando, tras cuatro meses de búsqueda, firmé un contrato de trabajo temporal en una aseguradora, sentí que por fin podía disfrutar y respirar tranquila. Durante un año al menos. Volvía a ser analista financiera, volvía a ser yo. O eso creía.

Durante seis meses estuve tranquila por el simple hecho de que podía llamar a mis padres y contarles orgullosa que su hija había salido adelante, que no había cometido un error marchándose y que el futuro se presentaba alentador. Además, podía añadir una línea muy importante a mi currículum: experiencia internacional.

Según me iba aclimatando a la ciudad, me iba desaclimatando a mi matrimonio. Por supuesto, los problemas de pareja quedaban en casa. No quería llamar a mi familia contándoles nuestras desavenencias para no preocuparlos. Tampoco quería reconocer que estábamos mal y que necesitábamos ayuda. Así que, poco a poco, fuimos cerrando la puerta de nuestro matrimonio, cada uno a su manera. Él se centró en su trabajo y en buscar la oportunidad para mudarse a Sídney, que era lo que quería. Yo, en hacer amigos y planes para no sentir el dolor de lo que se me estaba escapando entre los dedos.

Me sentía atrapada en una vida que no era la mía, incomprendida, perdida y sin tener ni la menor idea de por dónde tirar. Cuando pensaba en el futuro veía una nube negra enorme. Soñaba con derruir mi vida entera para construirla desde cero, pero ¿por dónde podía empezar?

Mi insatisfacción vital había nacido en la esfera laboral, pero ahora se extendía a los demás ámbitos de mi vida como mala hierba que crece sin control. Mi matrimonio era más bien la relación de dos compañeros de piso en la que cada uno hacía su vida por separado. En algún momento, sin ser demasiado conscientes de ello, nos habíamos perdido el uno del otro: nos habíamos soltado de la mano y, pese a que estábamos juntos, vivíamos en universos diferentes.

Para complicarlo todo un poco más, mi visado dependía del de mi marido y, aunque hablábamos de separarnos, era una opción inviable si yo quería quedarme en Australia. Y, además, ¿cómo íbamos a dar a nuestras familias aquel disgusto monumental?

Encima, a pesar de que no estábamos oficialmente separados, yo había comenzado una relación con una persona que había conocido en el trabajo. Sentirme querida y deseada por alguien era una distracción en mi existencia apagada, una tirita en la herida de mi autoestima y mi confianza dañadas.

Pero, como sucede con los atracones de azúcar, el subidón inicial de energía es el precursor de la caída en picado. Aquella relación que había surgido de la nada solo contribuía a enredar más las cosas en mi cabeza y añadía una dosis extra de culpabilidad en mi vida. Me sentía terriblemente sola, sin nadie a quien contar lo que me pasaba porque me avergonzaba de mí misma. **Sabía que tenía que hacer algo, pero me paralizaba el miedo y no encontraba fuerzas para tomar decisiones: para cortar de raíz con aquella relación, para separarme definitivamente de Fernando o para confesar la infidelidad.**

En medio de mis interminables noches de insomnio, daba vueltas a qué hacer y llegaba a la conclusión de que, decidiera lo que decidiera, iba a causar sufrimiento a todo el mundo, así que me bloqueaba y cedía el control de mi vida al «que sea lo que tenga que ser». De esta manera, sentía que en vez de vivir plenamente y liberada, los días me arrastraban hacia un desastre inevitable.

Como no había ni un aspecto de mi vida que fluyera, no dejaba de preguntarme de qué servía todo lo que había conseguido y por lo que tanto había luchado. Los seis años de universidad, el sacrificio de mis padres para que pudiera estudiar fuera de casa, las jornadas laborales hasta las tantas, los ascensos en el trabajo, dejar una vida que conocía para irme al otro lado del mundo…

No obstante, de puertas afuera parecía que todo iba bien, muy bien. Me camuflaba bajo mil capas de maquillaje caro, ropa bonita y bolsos que me compraba con el bonus de febrero. Al fin y al cabo, aquellas cosas materiales solo eran caprichos que me alegraban temporalmente para luego devolverme al punto de partida y con la cuenta bancaria tiritando.

Muchas noches soñaba que no trabajaba en un banco, sino que era voluntaria en un campo de refugiados, trabajadora social, escritora en una cabaña en las montañas, madre... Pero a la mañana siguiente, cuando abría los ojos, me encontraba de nuevo encerrada en aquella vida que parecía no tener ningún propósito ni dirección.

Por eso aquella mañana de 2013, cuando mi jefa, Kate, me preguntó si me encontraba bien, me quedé desconcertada. Sin poder controlarme, noté cómo los ojos se me inundaban de lágrimas. Kate me llevó a una sala de reuniones para evitar las miradas de mis compañeros y, entre aquellas paredes grises y frías, me derrumbé. No podía contenerme. Lloraba y lloraba como si me hubieran dado la peor noticia de mi vida. Y, además, no podía articular ninguna frase coherente en inglés. No podía más, sentía que me ahogaba empujada por un peso invisible que no podía manejar sola y al que ni siquiera conseguía poner nombre.

Cuando logré calmarme, mi jefa me dio el día libre para que descansara. Con la cara roja como un tomate y las ojeras teñidas de rímel, rescaté el bolso de mi mesa como pude y me escabullí entre mis compañeros tratando de esquivar las caras que me miraban sin entender nada.

En vez de coger el autobús de vuelta a casa, preferí caminar. Cubierta por el cielo azul profundo de Australia, los loros que coloreaban los árboles y el olor a flores exóticas no dejaba de preguntarme qué narices acababa de pasar. ¿En qué momento mi vida se había convertido en aquel desastre?

Sí, aquella mañana, de camino a casa, era incapaz de ver más allá de mi propia batalla mental. Quizás tú también te has sentido así en más de una ocasión. **Las batallas que libramos en nuestra mente nos desconectan de la realidad en la que nos encontramos: de la tierra que pisamos, del aire que respiramos, del azul del cielo y también de nuestra propia presencia.** En estas marañas corremos el riesgo de perdernos; de perder la perspectiva sobre nuestra vida; de olvidarnos de todo aquello que funciona; de todo lo que amamos; de la gente a la que importamos; de lo que nos hace sonreír.

Las guerras internas nos fragmentan en bandos —las partes de nosotros que odiamos y las que soportamos; las partes que olvidamos y las que constantemente recordamos; nosotros y el resto del mundo— y generan la ilusión de que lo único real es lo que podemos ver en nuestra mente. En definitiva, nos desconectan de la vida.

MEDITACIÓN PARA CONECTAR CON EL ENTORNO

Durante unos momentos observa el lugar donde te encuentras. Mira hacia arriba; observa el cielo de hoy. Mira hacia abajo; observa el suelo que pisas. Mira a tu alrededor; observa el entorno que te rodea.

Ahora cierra los ojos y siente el cielo encima de ti, como un manto protector. Siente la tierra firme bajo tus pies. Siente el aire que te toca. Escucha los sonidos que te llegan. Pon tu atención en las sensaciones que tus sentidos captan fuera y quédate en ellas unos instantes.

Si tu atención regresa a tus preocupaciones o batallas internas, con cariño lleva esos pensamientos a un segundo plano y dirige de vuelta tu atención fuera de ti. Contacta con lo que te rodea, a pesar de que haya ruido o tráfico alrededor: a menudo la realidad es bastante más pacífica que nuestra mente.

Recuerda que los sentidos son la parte que tenemos para disfrutar del regalo de la vida, para integrarnos en nuestro entorno.

Con esta práctica, date permiso para levantar el pañuelo blanco de la paz dentro de tu mente y abandonar tu guerra, aunque solo sea por unos momentos.

Toma nota de tres cosas que te habían pasado desapercibidas del entorno en el que te encuentras ahora mismo.

....

....

....

....

....

....

....

....

....

....

Observa todo lo que nos perdemos cuando nos dejamos arrastrar por las proyecciones de la mente.

Ese episodio en la oficina, a la vista de todo el mundo, me hizo darme cuenta de que había tocado fondo y que así no podía ni quería continuar. Dediqué las siguientes semanas a quedarme en casa tranquila después del trabajo, a escribir, a hacer examen de conciencia. **Si quería que algo cambiara, tenía que tomar responsabilidad sobre cómo había vivido mi vida hasta aquel momento** para poder reconducirla. Durante mis años con Fernando, me decía a mí misma que me sentía sola. Sí, es cierto que él tenía intereses diferentes a los míos y que no conseguíamos alinear nuestra visión de futuro, pero hoy sé que buscábamos exactamente lo mismo, cada uno a su manera. En aquel momento no supimos verlo.

En aquel entonces, las diferencias nos llevaron a la indiferencia entre ambos, a la separación. En cambio, **hoy las veo como una oportunidad para crear un puente con otra persona y aprender algo nuevo.** También sé que proyectaba en él la responsabilidad de dar luz a mi falta de claridad, de llenar mis vacíos y darme coraje, de proporcionarme estabilidad interna y externa. **Aquello solo lo podía cubrir yo: solo yo podía vivir mi vida y tomar acción.** Pero le pedía a él que lo hiciera por mí.

Entonces me di cuenta de que me había perdido y de que era el momento de empezar mi búsqueda.

Pero también decidí que no quería que aquella búsqueda añadiera más pena a mi vida; quería que fuera un proceso de descubrimiento, de exploración, de curiosidad.

Para encontrar respuestas y soluciones tenemos que saber hacernos las preguntas adecuadas, así que contraté a una *coach* que me ayudó a deshacer mis creencias y a empezar a construirlas desde cero. ¿Cuáles iban a ser mis valores a partir de ahora? ¿Con qué partes del pasado necesitaba reconciliarme? ¿Qué creencias iba a abandonar y por cuáles las iba a sustituir?

Vi la posibilidad real de rediseñar mi vida e ir dando pequeños pasos para encaminarme a lo que me gustaba. No sabía todavía qué era ni qué forma tendría mi vida, pero, por primera vez, sentí dentro de mí que existía la posibilidad de encontrar una nueva dirección. **Mi propósito se convirtió en descubrir quién era, qué me gustaba y cómo quería que fuese mi vida.** Y, cuando empezara a tener una visión más clara, entonces decidir qué hacer que encajara con mi propósito. En vez de evadirme o distraerme, a partir de ese momento iba a dirigirme.

En los próximos capítulos comparto contigo lo que descubrí en este proceso de autoconocimiento.

PRIMERA PARTE

La inmersión en nosotros mismos

Como me sucedió a mí, muchas veces empezamos a preguntarnos qué hemos venido a hacer a este mundo a raíz de una crisis personal profunda. No obstante, esta inquietud ya la tenían las civilizaciones más antiguas del planeta. **¿Cuál es el significado de vivir? ¿Cuál es nuestro propósito, si es que hay alguno? ¿Quiénes somos de verdad?** ¿Tenemos una esencia en nosotros que permanece aunque las circunstancias cambien?

Estas preguntas son aún más relevantes en estos tiempos en los que estamos saturados de información y en los que sabemos qué están haciendo nuestros conocidos en cada minuto gracias a las redes sociales. **Estamos más conectados que nunca en la historia y, sin embargo, muchos nos sentimos aislados, incomprendidos, perdidos, desorientados.** Tenemos la sensación de que nos falta lo que el resto del mundo tiene, en gran medida, debido a este exceso de información que recibimos de fuera en cada minuto.

La atención se nos va a un mundo editado con filtros, con imágenes cuidadosamente seleccionadas que nos hacen creer que lo que nos muestran es todo lo que existe. O vemos en plataformas como LinkedIn cómo el resto del mundo consigue nuevos puestos de trabajo, progresa, asciende. En comparación, nuestra vida parece pequeña, apagada, poco inspiradora o lograda a medias.

Podemos dejar que nuestra atención se quede ahí o podemos comenzar la búsqueda de nuestro propio camino y dirigirnos hacia nuestra autorrealización. **La autorrealización es una sensación personal subjetiva a la que puedes acceder aunque no hayas alcanzado tus sueños, esos que pensabas que te completarían.** No dejes que la autorrealización se convierta en un objetivo imposible supeditado a que se den condiciones extraordinarias en tu vida.

Tal y como defendía el psicólogo Abraham Maslow, la realización personal es una necesidad de los seres humanos. Es decir, encontrar sentido a lo que hacemos, crecer y aprender está en nuestro ADN y es una necesidad, no un capricho. **Para alcanzar la autorrealización necesitamos dos factores importantes: el autoconocimiento y el alineamiento de lo que**

somos con lo que hacemos. Solo así podemos vivir una vida íntegra y auténtica, de la que somos los únicos autores.

Pero a muchos de nosotros, generalmente, nos falta el primer paso, el de conocernos en esencia, más allá de lo que es aparente. Difícilmente podemos crear una forma de vida alineada con nuestra forma de ser si no hemos hecho un trabajo de inmersión en nosotros mismos, si no hemos explorado más allá de lo que vemos en el espejo.

El desalineamiento interno

Como te contaba en las primeras páginas de este libro, durante muchos años viví sin saber quién era realmente. El miedo a no ser validada por mi círculo social y familiar más cercano originó un desalineamiento interno muy doloroso. Tomaba decisiones que no resonaban con lo que me decía mi corazón y predicaba unos valores y actuaba según otros. A veces, este malestar interno salía a la superficie en forma de ataques de pánico y ansiedad, de brotes de rabia injustificada, de insomnio, de fragilidad.

Para superar ese desalineamiento, **es importante conocer nuestras estrategias de adaptación, aquellos mecanismos que hemos desarrollado para gestionar el estrés y defendernos del mundo, y, si nos dañan más que nos ayudan, desaprenderlas.** Según la neurociencia, nuestra mente está programada para aferrarse a las estrategias que funcionaron —o cree que funcionaron— en el pasado y repetirlas.

Localizar estas estrategias es un proceso largo. Yo llevo ocho años tratando de tomar consciencia de todos estos mecanismos ¡y aún sigo! Para encontrarlos, **debemos remontarnos atrás en el tiempo y analizar con atención el entorno en el que crecimos.**

Como tantas personas de mi generación, crecí escuchando en casa historias terribles sobre la Guerra Civil y la dictadura franquista. Ese contexto histórico tan complicado influyó en la forma de ver el mundo de nuestros predecesores, que inculcaron a sus descendientes la idea de que tener medios económicos les garantizaría una existencia feliz. Por eso, desde pequeña, me transmitieron la importancia de ser práctica y de tener un trabajo, pero no uno cualquiera, sino uno fijo e indefinido para que el banco me concediera una hipoteca. Se convirtió en el único objetivo en mi vida, con el que pensaba que me realizaría.

El problema es que a mí siempre me había gustado y se me había dado bien lo poco práctico: lengua, filosofía, historia del arte... Pero hice caso a la voz de la experiencia y decidí estudiar Derecho y Dirección de Empresas, ya que las salidas profesio-

nales estaban garantizadas. Lo más triste de todo es que, a un nivel muy profundo, creía que lo que se me daba bien no tenía valor, que en el reparto de cualidades me habían tocado las que no sirven para nada.

Me había convencido de que gracias al trabajo en estos campos más valorados en nuestra sociedad actual podría obtener un billete hacia mi estabilidad y mi ansiada residencia en algún Shangri-La. Sin embargo, según pasaban los años e iba ascendiendo y ganando más dinero, más insegura me sentía. Creía que la estabilidad financiera garantizaría mi estabilidad personal, esa que abarca también la mental, emocional y espiritual. Creía que con un sueldo podría sustituir o compensar lo demás, pero claramente estaba confundida.

La estabilidad duradera nace de dentro, de la certeza de saber quiénes somos y cuáles son nuestros recursos internos, esas fortalezas que nos acompañan siempre. Todo lo material, como los ingresos o el estatus social, está sujeto al cambio y a la destrucción. Por tanto, son frágiles y, si nos agarramos únicamente a ellos, nuestros soportes en la vida también serán endebles.

Pero si creamos resiliencia dentro de nosotros, si trabajamos nuestra estabilidad en los demás aspectos, podemos recomponernos fácilmente ante los vaivenes de la vida, desde la seguridad que da saber quiénes somos y lo que somos capaces de hacer.

Muchos de nosotros hemos crecido con la idea de que primero tenemos que garantizarnos una manera de ganarnos la vida y que después podremos permitirnos el lujo de preocuparnos de cosas secundarias, como descubrir quiénes somos, qué queremos, qué hace brillar nuestros ojos...

En mi caso, durante ese proceso de construir una vida estable, me olvidé de quién era realmente e infravaloré o rechacé partes de mí que componían mi personalidad. Lentamente me deshice en pedazos.

En mi sistema de creencias, para alcanzar la estabilidad también debía encontrar pareja, el apoyo en otra persona. Mientras estudiaba la carrera tuve un novio que sumaba puntos para mi vida estable: era un chico responsable, estudioso, mayor que yo y con las ideas claras sobre lo que quería hacer. Pensaba que sin él estaría perdida en la vida. Pero cuando acabé los estudios, me di cuenta de que era el momento de descubrir otros mundos. Y así, sin dar explicaciones, cerré de golpe un capítulo de mi

vida; puse punto final a la relación y hui dejando atrás el corazón roto de un buen chico.

Esa ansia por sentirme libre duró muy poco tiempo. Pasado el subidón de adrenalina, llegó el pánico. Ahora estaba sola. Acababa de encontrar mi primer trabajo, pero no me gustaba nada, ni siquiera hacía lo que había firmado en el contrato. Pero, sobre todo, me asustaba no tener un camino marcado por delante en el que refugiarme, como sucede en el colegio o en la universidad, ni ninguna persona a mi lado que me sostuviera.

Aquella sensación era nueva y muy incómoda, así que corrí a hacer lo que había funcionado en el pasado: trabajar, mantener la vista fija en la siguiente línea de mi currículum y llenar mi vacío emocional con otro hombre que me sostuviera en las dificultades, Fernando.

Fernando representaba todo lo que yo quería en mí: era libre, hacía lo que le daba la gana y vivía a su manera, sin miedo. Él era lo que yo aspiraba a ser.

Yo no era capaz de vivir la vida sin peso porque seguía buscando la aprobación social y en mi subconsciente me sentía en deuda con mi familia. ¡Con todo lo que mis padres y abuelos habían pasado no podía conformarme con ser menos de lo que podía llegar a ser!

Aunque por fuera parecía una chica resuelta, debajo de mí albergaba una gran dependencia emocional. **Me quería cuando veía reflejado el amor en los ojos de otras personas, es decir, cuando otras personas me veían. Ahí encontraba mi otra fuente de estabilidad.** Por eso nunca me había dado la posibilidad de conocerme fuera de mis relaciones sentimentales. Siempre había enlazado una relación tras otra para no pasar por la incomodidad de estar a solas conmigo misma, para no romperme. No me creía lo suficientemente fuerte sin una pareja a mi lado. A la larga, esto se volvió en mi contra, ya que viví fases de mucha confusión por no darme el tiempo suficiente ni para digerir relaciones pasadas ni para descubrir quién era por mí misma.

A pesar de mi relación con Fernando, el descontrol de mi vida seguía creciendo según pasaban los años. En 2008, al inicio de la crisis económica, me contrataron en un banco para trabajar como analista de liquidez y el trabajo absorbió mi vida por completo.

Llegaba al banco antes de que amaneciera para evitar el atasco de la mañana; luego iba al gimnasio de la oficina a primera hora, me duchaba allí, desa-

yunaba allí y comía allí. Cuando llegaba a casa, a las nueve o diez de la noche, cenaba un vino y una tapa en los bares del barrio porque no tenía fuerzas ni para freírme un huevo y lavar el plato. En un año hice la compra un par de veces porque toda la comida de la nevera se echaba a perder y terminaba por tirarla. A menudo no me iba a la cama hasta la una o las dos de la mañana. En aquella época, mi forma de adaptarme al estrés era saliendo mucho con amigos, sin darme tiempo para descansar. Salía y bebía para no pensar, para olvidarme de mí.

Entre semana solo tenía tiempo para sobrevivir, pero, aun así, necesitaba hacer algo que diera significado a mi existencia gris. Por eso, me apunté en fines de semana a clases de escritura, a un curso de diseño gráfico y a otro de fotografía. También empecé mi blog *Coleccionando estrellas*, donde escribía sobre lo que iba descubriendo en mi barrio, viajes y cosas que me llamaban la atención. Aunque los blogs aún estaban despegando, conseguí una pequeña audiencia bastante fiel.

Le ponía mucho esfuerzo y cariño al blog y creo que se me daba bien, pero me decía que no se podía vivir de aquello. Además, no había estudiado lo que había estudiado para acabar haciendo algo tan poco serio. Tampoco era periodista, así que nunca escribiría del todo bien ni haría buenas fotos ni podría ganarme la vida hablando de cosas bonitas porque, al fin y al cabo, ¿a quién podrían interesarle? Lo abandoné al cabo de dos años.

Lo bueno de aquella experiencia fue que, años después, **cuando empecé el pódcast *Divina de la Mente*, me prometí que no lo dejaría como había hecho con el blog; no para conseguir ganar dinero, sino para apostar por lo que me gusta sin miedo.**

Así abrí una pequeña ventana a un nuevo capítulo de mi vida.

Dejarse ir

Pero aún faltaba un tiempo y mucho trabajo interior para que *Divina de la Mente* viera la luz. Al día siguiente de mi derrumbe en el trabajo, a la hora del café, una compañera que se había enterado de lo que me había pasado comentó que el yoga la estaba ayudando a relajarse del estrés laboral. Ella iba a Shri, un centro de yoga muy cerca de la oficina donde daban clases de cuarenta y cinco minutos a mediodía.

Hasta entonces, mi experiencia con el yoga se limitaba a un par de sesiones de Bikram —una variante del hatha yoga que se practica en una habitación a 40 °C y con una humedad del 40%— y a alguna sesión de estiramientos a la que llamaban *yoga* en el gimnasio al que iba.

Mi compañera de trabajo contaba que en Shri las clases no eran aburridas —como suelen preguntar quienes se apuntan a yoga por primera vez— ni excesivamente intensas, y que cada clase incorporaba elementos de meditación y charlas. De tal forma que siempre salía sintiéndose física y anímicamente bien. Aquel comentario fue más que suficiente para despertar mi curiosidad y también mi esperanza. Sentirme bien durante tres cuartos de hora al día sería todo un avance en aquel momento.

Compré un abono para un mes de prueba y, al día siguiente, me presenté en el centro de yoga a la hora de la comida. El estudio estaba situado en el último piso de un edificio antiguo del centro de Brisbane. El suelo de madera crujía al pisar, olía a aceites esenciales y una suave penumbra iluminaba la sala, que estaba colmada de caras sonrientes. Mi primera sensación fue la de llegar a un oasis en medio del calor sofocante de la ciudad. Estaba nerviosa; no sabía dónde colocarme ni qué material coger, así que me senté en mi esterilla —o *mat*— a esperar instrucciones.

En el tiempo que transcurrió desde que me senté en mi *mat* hasta que empezó la clase, unos minutos después, empecé a notar distintas sensaciones: el cansancio acumulado, el peso que arrastraba…, pero también empecé a sentir qué era estar tranquila y en silencio por primera vez en mucho tiempo.

El profesor de la que considero mi primera clase de yoga era Geoff Brooks, un tipo *hippy* que además de yoga enseñaba surf. Su marcado acento australiano, el vocabulario específico de partes del cuerpo que, probablemente, tampoco entendería en español y la mezcla de palabras en sánscrito hicieron que no me enterara de nada. Sin embargo, Geoff puso todo su empeño en ayudarme. Con suavidad, me ayudó a colocar correctamente los pies y las manos, a bajar las escápulas, a aflojar mi tensión.

Cuando por fin aterricé en la postura del niño, en aquella sala que olía a madera y menta, con música suave de fondo, sentí por primera vez la dulce sensación de la rendición, del dejar ir todo el esfuerzo realizado hasta el momento, del descansar en el suelo sin nada más que hacer.

Estaba acurrucada en mí: la frente en el suelo, mi cuerpo entre las rodillas, los brazos abarcando mis piernas, mis manos agarrando mis talones y ambos pies conectados a través de los dedos gordos…

Empecé a sentir el peso de la vida diluirse en el suelo, como si la tierra pudiera absorber las preocupaciones, la pena, la frustración y el desencanto que arrastraba. Sentí el efecto de la gravedad, física y energéticamente. Hay algo reconfortante en soltar resistencias y traspasar la mochila de peso que arrastramos a la tierra.

También sentí mi propia presencia, la reunión de todas las piezas que me componen encajando en aquel pequeño ovillo en el que se había transformado mi cuerpo.

Al fin, tenía lugar el reencuentro ansiado conmigo misma después de muchos años de separación: había dado un paso gigante hacia un nuevo camino. Me sentía entera.

De vuelta al trabajo, me parecía que caminaba un poco más ligera, un poco más libre.

Te propongo que experimentes en tu propia piel los beneficios de esta postura que fue tan reveladora para mí en aquella primera sesión de yoga.

POSTURA DEL NIÑO
(balasana)

En una esterilla de yoga, siéntate sobre tus talones. Separa las rodillas a la misma distancia que el ancho de tus caderas para que tu torso quepa entre ellas. Los dedos gordos de los pies se tocan.

Lleva tus caderas atrás, hacia tus talones, extendiendo el torso hacia adelante, hasta que tu frente toque la esterilla. Si no alcanzas el suelo, puedes utilizar un bloque de goma.

Extiende los brazos hacia adelante con las palmas tocando el suelo. Si te resulta más cómodo, puedes mantener los brazos a ambos lados de tu cuerpo o agarrando tus talones.

Respira profundamente, sintiendo todas las piezas de tu cuerpo unidas en un ovillo, descansando.

Siente cómo la gravedad te conecta con la tierra absorbiendo cualquier peso que arrastres.

Disfruta del reposo que te ofrece esta postura.

En este momento, no hay otro lugar donde ir ni otra cosa que hacer.

Todo lo que tienes que hacer es estar aquí en este momento, respirar, sentir, y continuar respirando.

Mientras realizas esta postura, puedes repetir para tus adentros:

> Hago honor a este momento
> que es mi vida,
> y a esta vida
> que es este momento.

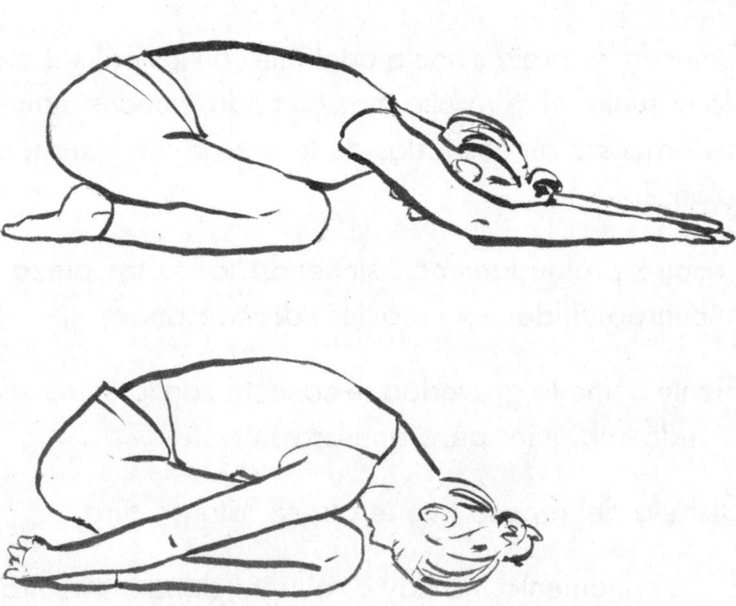

Con cuidado, incorpórate y permanece sentado unos minutos sintiendo en tu cuerpo el efecto terapéutico del dejar ir.

Anota tus sensaciones.

....

....

....

....

....

....

....

....

....

....

Acercarse a uno mismo

A medida que me iba familiarizando más y más con el yoga, mi situación con Fernando también evolucionaba. Inevitablemente, mi relación secreta terminó por salir a la superficie. Él notó indicios y yo confesé con pena y vergüenza lo que no había tenido el valor de contarle antes. Pese a todo, él no me lo reprochó nunca.

Ambos intuíamos que teníamos que seguir caminos separados, pero era muy doloroso asumirlo. Habíamos pasado por tanto juntos que no solo era mi pareja, sino el amigo en el que más confiaba.

Por eso fue una separación muy fácil y, al mismo tiempo, muy difícil. Cada uno por nuestro lado intentábamos encontrar sentido a la separación que estábamos viviendo. Fernando me contó que había empezado a estudiar *coaching* y que le estaba ayudando mucho a gestionar nuestra nueva situación. No tenía ni idea de qué era aquello, pero me dijo que en su escuela buscaban voluntarios para que los estudiantes pudieran practicar con ellos. Fernando me sugirió que me ofreciera para ser la clienta —*coachee*— de alguna persona de su curso. Sin nada que perder, me apunté a las sesiones de prueba.

Todas las sesiones con la *coach* en prácticas fueron por teléfono, pero conseguí empezar a abrirme y a poner en palabras lo que había arrastrado hasta entonces, a dar otra luz a mis preocupaciones y miedos. **De la misma forma que con el yoga había empezado a abrir mi cuerpo, a estirarlo, a expandirlo y a plegarlo, en aquellas sesiones desvelé mis creencias y les di la vuelta.** De esta manera, empecé a descubrir cómo funcionaba mi mente, cómo filtraba la información que recibía y cómo solo prestaba atención a lo negativo, a lo que yo creía que no funcionaba.

A raíz de aquellas sesiones de *coaching,* comencé un cuaderno en el que escribía todas las creencias que había ido adoptando y que necesitaba revisar si quería transformar cómo me enfrentaba a la vida.

Vi las cadenas que yo sola había creado y que me ataban al pasado; ideas fijas que tenía sobre cómo debía ser mi relación de pareja, sobre el reconoci-

miento social, el dinero, la religión, la familia, el trabajo... También descubrí que tenía miedo a conocerme porque no me quería enfrentar a errores del pasado y porque creía que no me iba a gustar lo que encontraría, que todo era malo.

El proceso de acercarme a mí misma fue gradual y se fue gestando a partir de las sesiones de *coaching,* de las clases de yoga, de mi interés creciente por la meditación y las manualidades y, sobre todo, del tiempo que pasé a solas.

Solo podemos cambiar lo que podemos ver. Y para poder ver, necesitamos silencio y espacio.

Para empezar a aproximarte a ti mismo, comparto contigo esta oración budista del perdón que me ha acompañado a lo largo de estos últimos años. Es una práctica preciosa y muy sanadora que te recomiendo hacer cuando necesites reconciliarte con alguien o con algún aspecto de tu vida.

MEDITACIÓN PARA PERDONARNOS Y PERDONAR A OTROS

Siéntate en una postura cómoda y respira suavemente.

Coloca tus manos sobre tu corazón y repite estas palabras:

- Si he hecho daño o herido a alguien sabiéndolo o sin saber, le pido perdón.
- Si alguien me ha hecho daño o herido sabiéndolo o sin saber, le perdono.
- Por aquello que todavía no estoy preparado para perdonar, me perdono.
- Y toda forma en la que me he hecho daño a mí mismo, por acción o inacción, por miedo, dolor o ignorancia, me perdono.

Repite un par de veces estas frases.

Siente qué emerge dentro de ti y anótalo aquí.

....

....

....

La magia de hacer lo que amas

Una de las claves más importantes en mi camino de transformación fue reencontrarme a diario con mi cuerpo gracias a mis primeras clases de yoga. Todo lo que buscaba en aquellas sesiones era sentir cómo mi energía cambiaba con el movimiento y cómo cada día esa energía era diferente. Fuera de aquella sala me parecía que cada día era igual de monótono y desesperante que el anterior, que estaba estancada, que no era ágil ni fuerte para dar el giro que necesitaba, pero las clases de yoga me demostraban lo contrario.

En las sesiones, a menudo era capaz de hacer más de lo que pensaba y de progresar poco a poco. **Iba ganando resistencia, fuerza y elasticidad. Mi cuerpo se estaba haciendo más moldeable y flexible.** ¡Y yo que pensaba que era un tronco con juanetes y escoliosis! Incluso en los días malos, cuando mi cuerpo o mi mente no estaban especialmente colaborativos, notaba que se seguían produciendo cambios importantes en mí. Así, mi cuerpo le estaba demostrando a mi mente que era capaz de hacer más de lo que pensaba. Y, a cambio, mi mente empezaba a ceder, a calmarse, a suavizarse.

Un día tuve una revelación increíblemente simple y obvia: si mi cuerpo podía cambiar, entonces también podría hacerlo mi mente, ya que forma parte de mi cuerpo. Y, si cambiaba mi mente, podría transformarse mi situación y, por tanto, mi vida. ¡Había esperanza!

Cuando nos movemos despacio, podemos identificar sensaciones sutiles que normalmente pasan desapercibidas. Matices, pulsaciones, ideas que permanecen escondidas bajo otras más obvias o intensas. A través de esos detalles sutiles, accedemos a capas profundas de nosotros mismos.

Intuía que gracias al yoga estaba dando pasos importantes para transformar mi situación. Me estaba

redescubriendo y esto me animaba a continuar profundizando tanto en la práctica como en mi autoconocimiento. Una vocecita interior me decía que estaba sobre la pista para recuperar la confianza y seguridad en mí misma.

Me vino a la memoria lo bien que me encontraba en Madrid cuando iba a talleres creativos y sentía que expandía mi mente y mis habilidades, así que decidí realizar nuevas actividades en Brisbane. Me apunté a natación; a ganchillo; a costura; a un curso de fotografía; a otro de escritura creativa; a clases de joyería; a cursos intensivos de formación profesional que me dejaban con la lengua fuera; a Meetups para conocer gente; a clases de ayurveda; a talleres de profundización en el yoga y a meditación.

Mi misión se convirtió en descubrir lo que me gustaba hacer para crear una nueva relación conmigo misma. Además, conocí gente diferente que se movía en ambientes distintos al mío o que se dedicaba a otras cosas y eso me ayudó a darme cuenta de mi visión limitada del mundo.

Muchas de aquellas actividades terminaron al poco de comenzar, pero otras fueron la semilla de lo que pasó después. Pero había inconvenientes. Muchas de las que me gustaban tenían lugar en las afueras de la ciudad o en horarios incompatibles con las jornadas laborales. Otras clases estaban un poco desfasadas y no eran demasiado atractivas para la gente joven.

Entonces se me ocurrió una idea. **¿Y si era yo quien contrataba a un instructor y organizaba estas actividades creativas en lugares céntricos de la ciudad para realizar proyectos diferentes, divertidos y modernos?**

Eso me abriría las puertas para seguir conociendo gente nueva y hacer planes que no implicaran salir y beber. El recuerdo del blog seguía en la memoria y quise ver adónde me podría llevar esa idea.

El universo se puso a trabajar a mi favor. La mujer de un nuevo compañero de departamento se convirtió en una gran amiga y en mi socia en Crave for Crafts (Ansia de creaciones), mi primer negocio. Escogí el nombre cuidadosamente, ya que simbolizaba cómo sentía entonces, ansiosa por crear cosas nuevas, una vida nueva.

Organizábamos talleres de manualidades que pronto empezaron a despegar y a hacerse populares en Brisbane. Aunque enseñábamos técnicas tradicionales, las clases eran muy divertidas y la gente salía encantada. Nos llamaban para organizar actividades en eventos públicos y privados e incluso conseguimos financiación pública. **Llegó un momento en el que podía vivir con los ingresos que recibíamos por nuestras clases y, con algunos ahorros que tenía, intentar expandir el negocio.**

Pero ¿y si fracasaba? ¿Cómo iba a dejar un trabajo tan bien valorado en un banco para enseñar ganchillo en bibliotecas? ¿Qué clase de futuro me estaba construyendo? Años atrás, dar aquel salto hubiera sido impensable, pero gracias al trabajo y al empeño, las dudas se fueron disipando. Parte del éxito de aquel proyecto se debió a que conseguimos modernizar técnicas antiguas y darles una vida nueva. Pero, sobre todo, nuestro objetivo era guiar a los clientes a ese lugar donde el tiempo se suspende, en el que podían disfrutar de la experiencia de sumergirse en el océano de la creatividad a través de las manos. Por eso, en cada clase que daba, yo también me adentraba en él y me sanaba.

Aunque Crave for Crafts terminó cuando me mudé a Estados Unidos, me enseñó que, con perseverancia e ilusión, podía hacer despegar proyectos nuevos, aunque no tuviera experiencia previa ni contactos, y que podía vencer el no saber con el querer. Crave for Crafts me dio la confianza necesaria para seguir emprendiendo profesional y personalmente. Me enseñó lo que era capaz de hacer si me lo proponía de corazón.

Te invito a que realices este ejercicio para que tomes consciencia de cómo superas los obstáculos que se encuentran en tu camino.

SORTEAR LOS BLOQUEOS

Reflexiona sobre todas aquellas cosas que has hecho en tu vida que, en su momento, te parecieron imposibles de conseguir.

Recuerda cómo te sentías en aquel momento, los miedos que te asaltaban, las dudas sobre tu capacidad, los bloqueos que tenías…

Después, escribe cómo conseguiste ponerte en marcha y lo que aprendiste en el proceso.

....

....

....

....

....

....

Ten presente estas conclusiones para situaciones futuras donde necesites reforzar la seguridad en ti mismo.

Gracias a mi experiencia como *coach* me he dado cuenta de lo arraigada que está la creencia —especialmente, entre las mujeres— de que primero debes complacer a otros y, después, cuando tengas tiempo —si lo tienes— te ocupas de ti.

De esta creencia obsoleta nace el insidioso bicho llamado *sentimiento de culpabilidad,* ese que te hace perder la batalla siempre. **Cuando satisfaces a otros sientes que te traicionas a ti mismo y cuando buscas tu propio bienestar sientes que abandonas a los demás en tu egoísmo.** Hagas lo que hagas, nunca ganas. Esto causa varios síntomas: malestar creciente, saltar a la mínima, resentimiento hacia otros, odio hacia uno mismo…

Si quieres que estos síntomas desaparezcan, debes eliminar de tu sistema de creencias cualquier variante de «me siento culpable por tomarme tiempo para mí misma», «no tengo tiempo para mí», «es demasiado autoindulgente tomarme tiempo para mí» y «mis *hobbies* no sirven para nada, no son productivos».

Para sobrellevar las exigencias de la vida y realizarnos como personas con necesidades y aspiraciones individuales, debemos seguir una dieta equilibrada a nivel físico, mental, emocional y espiritual. Necesitamos repartir nuestro tiempo entre actividades que requieren hacer, producir, dar y aquellas mediante las cuales recibimos, soltamos, descansamos, dejamos ir.

Disfrutando de tiempo para ti estás cuidando de tu salud porque en estos espacios de descompresión es donde regeneramos, reponemos, sanamos nuestro organismo por completo. **Cuando sigues a tus musas, cuando haces cosas por el puro placer de hacerlas, de disfrutarlas, de recrearte en ellas, estás alimentando otro tipo de energía, lo que algunas tradiciones llaman *energía femenina,* que es tan necesaria para la vida.**

Esta energía —que no es exclusiva para las mujeres, todos la poseemos— incrementa nuestra creatividad, nuestra inspiración, nuestra intuición y nuestra capacidad para autorregularnos, para descansar y recuperarnos.

Pero en este mundo donde priman aspectos de la energía masculina como la actividad, la productividad, el análisis y la resolución de problemas, tendemos a abandonar la femenina para cuando tengamos tiempo. Sin embargo, ambas son igualmente importantes y deben estar equilibradas para nuestro bienestar.

Si dedicarte tiempo es nuevo para ti, aprender a hacerlo conllevará un reajuste en tu mente, un periodo de aclimatación. Es posible que temporalmente tu

sensación de culpabilidad aumente hasta que tu cerebro perciba los efectos de este tiempo para ti, cómo afecta positivamente a tu organismo y a tu relación con los demás.

No estamos acostumbrados a mimarnos porque estamos condicionados por lo que muchos hemos visto en generaciones pasadas, pero ha llegado la hora de romper con el pasado.

Empieza por dar pequeños pasos que te acerquen a ti mismo, a tus aficiones, a tu creatividad, a tu placer. Poco a poco verás como estos pequeños pasos se convierten en hábitos que tu mente normalizará.

Tu bienestar alimenta
el de las personas
que te rodean.

En una sesión, María me cuenta que su problema es que salta a la primera. Es un manojo de nervios, no tiene paciencia. Le gustaría ser más comprensiva con su hijo de siete años, pero pierde los nervios en cuanto el niño no sigue sus instrucciones. Con su marido hay bronca constante. En realidad, se siente incomprendida y sola.

Se me pasa por la cabeza hablar de gestión de emociones, de comunicación efectiva, incluso de *mindfulness* en situaciones de estrés..., pero en lugar de eso le pregunto:

—Cuéntame, ¿qué es lo que te hace más feliz?

Cuando preguntas a alguien qué le hace feliz, puedes ver como su cara se ilumina. María responde:

—Pintar, leer novelas de ciencia ficción, esos ratos en los que juego con mi hijo en el suelo o dormimos la siesta juntos...

Entonces le digo:

—¿Y qué te hace sentir eso?

—Siento que el resto del mundo desaparece, que los problemas se desvanecen, que soy yo —responde.

—¿Cuánto hace que no pintas o lees novelas de ciencia ficción? ¿O que juegas en el suelo con tu hijo como si tú también fueras una niña? ¿Cuánto llevas sin dedicar tiempo a estas cosas que tanto te gustan? —le pregunto.

Como si hubiera tocado el interruptor que hace unos momentos le había dado luz, su cara vuelve a apagarse.

—El caso es que no tengo ayuda en casa, mi marido trabaja muchas horas, igual que yo, y siento que todo el peso de la familia recae sobre mí. No

tengo tiempo para nada, salvo para sobrevivir como puedo —me cuenta.

—Déjame que te diga una cosa, María: si sientes que en tu vida solo hay obligaciones, ha llegado el momento de soltarte la melena y de empezar a cultivar tu energía femenina. A menudo el cambio se produce cuando recuperamos la conexión con nosotros mismos, con nuestro corazón, a través de las actividades que nos hacen sentir bien. Este malestar que brota incontenible es resultado de una descompensación de energías, que en tradiciones orientales denominan *masculina* y *femenina.* Por lo que me cuentas, tu energía femenina está bajo mínimos.

—¿Qué es eso de «energía femenina»? —inquiere.

—La energía que genera vida y se manifiesta a través de la creatividad, el placer, todo lo que trae fertilidad a tu vida, incluso actividades normales de trabajo, pero llevadas a cabo con cualidades como la suavidad, el cariño y la devoción. O sin prisas, saboreando el momento. Las cualidades femeninas crean el terreno para que florezca la vida.

Cuidar de ti no es solo comer lechuga, dormir siete horas al día y darte cremas antiarrugas. ¿De qué sirve si estás dominada a diario por el estrés, las prisas y la ansiedad? **Necesitas sumergirte en el mundo que te pertenece, que solo tú entiendes, que**

te hace sentir viva, creativa, fértil en todos los sentidos.

Cuidar de nosotros es aprender a recalibrarnos. Si llevas mucho tiempo en el mundo de la acción y dirección (actividades que representan la energía masculina), es fundamental compensarlas con actividades que brotan de la energía femenina.

Todos somos personas creativas por naturaleza y debemos alimentarnos de lo que nos hace sentir vivos.

No tienes que ser una artista consagrada para ser creativa. Puedes amar la repostería, dibujar con tu hijo en el suelo, escribir poemas que nunca publicarás (o sí, ¡quién sabe!). Tus aficiones son tu patio de recreo y todos necesitamos uno. Necesitamos tiempo para correr libres y despreocupados en la zona de juegos, para poder sostenernos en el largo plazo.

Si estás leyendo estas líneas y te sientes identificado con el caso de María, **te recomiendo que cojas tu agenda o tu teléfono y empieces a reservar espacios a lo largo de la semana para hacer literalmente lo que te dé la gana.**

Ponte recordatorios y alarmas a ser posible y planea actividades que no sean por obligación, sino por placer. Y, si crees que no tienes tiempo para dedicar-

te momentos en la semana, me temo que tendrás que cancelar algún compromiso para que te hagas hueco. Es cuestión de prioridades, y, créeme, tú eres muy importante.

Como decía el Dalai Lama, es recomendable meditar veinte minutos al día, pero, si no tienes tiempo, entonces debes meditar una hora.

Alimentar el alma nos hace fuertes.

Cuidar de ti es el primer paso para ser mejor persona con los demás, si no, los desagradables síntomas de no ocuparte de ti volverán a aparecer tarde o temprano.

Escoge crear una energía diferente en tus relaciones y con tu familia. **Busca realizarte en todas tus dimensiones: como persona trabajadora, madre o padre, hijo o hija, y como persona con necesidades e intereses individuales. Este también es tu legado para las generaciones posteriores.**

SEGUNDA PARTE

Los pilares del cambio

Si este libro ha llegado a tus manos probablemente sea porque te interesa el mundo del desarrollo personal, o tienes ganas de darle un giro radical a tu vida y liberarte de bloqueos y cargas. O quizás quieres descubrir diferentes formas de meditar que te acompañen cada día. El camino de la transformación es un camino de por vida, que requiere persistencia y cuya meta no se encuentra al llegar a ninguna cima. **La meta se alcanza cada vez que aceleras tu capacidad de recomponerte cuando te caes, cada vez que vuelves a tu sendero cuando te desvías, y cada vez que eres capaz de apreciar las vistas que tu viaje personal te ofrece.**

Cuando me siento perdida, me ayuda recordar los ocho pasos que planteó Buda para llegar a vivir plenamente y que, según él, son el antídoto para el sufrimiento.

1. **Comienza por cultivar una visión apropiada de la realidad.** Pregúntate, ¿qué es lo que está sucediendo realmente en este instante? Mira cada momento con ojos nuevos; en la medida de lo posible, no te dejes llevar por hábitos, condicionamientos o prejuicios del pasado.
2. **Crea con tu mente pensamientos apropiados para esa situación.** Que tu forma de pensar sea útil y productiva. Pregúntate, ¿qué pensamientos pueden ayudarme en esta situación? A ser posible, constrúyelos de forma positiva, como afirmaciones (por ejemplo, «soy capaz de hacer esto», «he superado situaciones peores antes», «tengo dentro de mí todo lo que necesito para salir de este bache», «puedo pedir ayuda a otros»…).
3. **Utiliza palabras apropiadas, tanto con los demás como en tus monólogos internos.** Sé cuidadoso con el lenguaje y escoge delicadamente tus palabras. Lo que dices y cómo lo dices es el reflejo de lo que piensas. Sé respetuoso y amable con los demás y contigo.
4. **Realiza la acción apropiada para ese momento.** Ahora que tienes una percepción más nítida, ejecuta lo que sea necesario y pertinente. Prioriza, delega o da un pequeño paso al frente. La

acción puede ser la inacción, pero no te quedes parado por miedo infundado.

5. **Diseña un estilo de vida apropiado.** Las condiciones en las que vives son importantes, cuida de ellas. Crea un entorno en el que te sientas bien, cuida de tus relaciones y de ti mismo. Adopta hábitos saludables que propicien equilibrio y serenidad en tu cuerpo y en tu espíritu.
6. **Aplica el esfuerzo apropiado para cada situación.** No te dejes llevar por la vagancia o la dejadez, pero tampoco te excedas y te quemes. Tu vida es una carrera de larga distancia. Dosifícate en cada momento. Mantén el ritmo, descansa cuando lo necesites y, sobre todo, no te hagas daño. Escúchate.
7. **Presta la atención apropiada en cada instante.** Una mente desconcentrada se pierde y se desconecta de la realidad. No sabe qué hacer o adónde ir porque está dispersa. Cuando notes que esto te sucede, vuelve a tu momento presente. Para centrar tu mente y crear un hábito, puedes entrenar en tu cojín de meditar unos minutos cada día o puedes realizar los ejercicios que te propongo en este libro hasta que el *mindfulness* se convierta en una forma de mirar, escuchar, sentirte y moverte por el mundo.

8. **Mantén la concentración adecuada.** Ten claro siempre qué es importante en tu vida. Conserva el foco y la orientación. Ve más allá de la superficie de la vida, entra en ella plenamente. Ten claro adónde te diriges y no lo pierdas de vista. Cuando mantenemos la concentración adecuada, alimentamos una visión adecuada, de tal forma que ponemos en marcha de nuevo los ocho pasos y reforzamos el proceso.

Observa como Buda habla de lo que es «apropiado» para cada momento, no de lo que es «bueno o malo», huyendo de dogmatismos y animándonos a ser flexibles en nuestro discernimiento.

Si te interesa profundizar en estos temas, en la bibliografía encontrarás los libros que más me han inspirado para comprender el budismo.

Tu cuerpo, tu templo: enseñanzas del yoga

El poder de la intención

El poder de la intención o *sankalpa,* en sánscrito, fue otro descubrimiento en las clases de yoga. El profesor nos pedía que cerráramos los ojos y manifestáramos para nuestros adentros una intención para los próximos cuarenta y cinco minutos, una intención que nos acompañara y a la que pudiéramos agarrarnos cuando las distracciones amenazaran con transportarnos a otro lugar o momento.

Mis primeras intenciones eran algo así como «voy a intentar entender lo que el profesor dice en inglés», «voy a intentar tocar el suelo con los dedos manteniendo las piernas estiradas» o «voy a intentar no pensar en el hambre que tengo y lo que comeré después».

Tras varias semanas empecé a experimentar con otro tipo de intenciones un poco más difíciles de sostener: no desesperarme cuando observaba mi poco progreso en clase; conservar la paciencia cuando no conseguía mantener el equilibrio en la posición del árbol o dejar fuera los problemas que tenía en el trabajo y estar presente durante la práctica.

A veces estas intenciones se evaporaban en los primeros minutos y, cuando terminaba la clase, no era capaz ni siquiera de recordarlas. Pero otras veces lograba tenerlas presentes y se convertían en guías o en anclas ante la distracción.

Poco a poco empecé a notar que esas intenciones que sembraba al principio de la clase daban cohesión al resto de las acciones que tomara ese día. Por ejemplo, la paciencia que requería practicar posturas de equilibrio me acompañaba en las dificultades del trabajo. O conseguía concentrarme mejor y terminar antes mis tareas.

La intención es la manifestación de nuestro espíritu y la actitud que vamos a poner en lo que hacemos. **En momentos en los que no encontramos el foco o no sabemos cómo superar un problema, siempre podemos recordarnos nuestra intención y buscar pistas para regresar a nuestro propio camino.**

Sin intención parece que la vida se nos escurre entre las manos. Hacemos las cosas por obligación, para cumplir con lo exigido o, simplemente, por pura inercia, sin consciencia.

Una de las grandes revelaciones que descubrí con la práctica de yoga es que había vivido durante muchos años sin intención. Cada día, cada jornada de trabajo, no era más que una repetición del día anterior. Sentía que no tenía nada personal que aportar, que vivía con el piloto automático encendido. No obstante, cada día podemos cumplir con nuestra labor de diferentes maneras e incluso experimentar aplicando diferentes enfoques a la misma tarea de siempre, realizándola desde el humor, la energía, la positividad o la calma como ejemplos. También podemos escoger qué cualidad nos va a acompañar este día, qué va a ser importante en este momento y llevar esta intención en la mente y en el corazón.

> La intención es la esencia, el condimento que quieres poner en tus acciones. Es lo que permite que tu trabajo y tus días tengan vida, la que tú les infundes.

Te invito a que manifiestes intenciones al comienzo de aquellos momentos que para ti sean importantes o marquen el inicio de algo nuevo.

PRACTICA TU *SANKALPA*

Puedes reflexionar sobre alguno de estos temas:

- Una frase corta o una palabra que describa la actitud que quieres tener en la próxima hora, en el día de hoy o a lo largo de la labor que tienes que realizar ahora.
- Qué cualidad quieres que describa el trabajo que tienes que hacer.
- Cómo quieres abrazar las emociones o experiencias que vivas a lo largo del día.
- Qué palabra quieres que infunda de espíritu a tus acciones.
- Qué afirmación quieres que te guíe cuando estés desorientado.

Cuando sientas tu *sankalpa*, repite esa intención para tus adentros y deposítala en tu corazón.

Para asentar el poder de tu intención, puedes utilizar una de las posiciones de manos *(mudra)* que más me gustan: el *anjali mudra.*

Con los mudras sellamos la forma en la que actuamos en el mundo, reforzamos nuestras intenciones a través de las manos, que son las que las ejecutan.

Para realizar el *anjali mudra*, junta las manos en posición de rezo a la altura del pecho.

Este *mudra* tiene un simbolismo profundo. Cuando junto las manos en *anjali mudra*, imagino que mi mano izquierda representa mi parte más femenina, la creatividad, la intuición, la adaptabilidad. Mi mano derecha representa la firmeza en la ejecución, el aspecto masculino. Ambas se unen a la altura del corazón, quien orienta las acciones. En el espacio que queda entre las dos palmas es donde deposito mi intención.

Ahora que has definido tu *sankalpa* y has juntado tus manos en posición de rezo, inspira y llénate de esa intención.

Espira lentamente, cerrando los ojos e inclinando tu frente hacia tus manos, honrando la intención que has escogido para este momento.

Estate en silencio unos instantes sintiendo la resonancia de la intención dentro de ti.

Llévala contigo el resto del día.

Mi día gira y se ajusta alrededor de esta intención.

Cuando no sepas adónde vas,
qué tienes que hacer o cómo
debes reaccionar,
vuelve a tu intención
y deja que ella te dirija.

El abrazo del cuerpo y la mente

Durante las primeras semanas de práctica de yoga, todo lo que intentaba era mantener la dignidad: no perder el equilibrio, no confundir la derecha con la izquierda o terminar la postura hacia el lado contrario al resto de la clase. Pero con el paso de los días empecé a encontrar una dimensión más profunda a mi práctica.

El silencio de la clase, el movimiento rítmico que marcaba el profesor y la atención puesta en algo que no fueran mis pensamientos, sino en algo más simple, como dónde poner las manos y los pies, daban tregua a mi mente y a mi sistema nervioso. Y, si terminaba la postura mirando al otro lado, como me pasaba de vez en cuando, sonreía y me recolocaba sin más.

La clase de yoga era el oasis del día. Era bálsamo para mis heridas. A veces me pasaba media sesión

en la postura del niño o sentada sobre mis talones con los ojos cerrados. Muchos días no tenía fuerza para más. A veces lloraba sin saber por qué, otras sabiendo muy bien la razón. Pero incluso en aquellos momentos de fragilidad intuía que estaba dando un paso hacia adelante en mi vida.

Físicamente empecé a recuperarme. Dormía mejor y me sentía más ágil y fuerte. Eso me daba ánimo para continuar yendo a clase. Como la clase era a mediodía, me preparaba el *tupper* en casa y me lo comía en el trabajo. Por primera vez en mi vida, empecé a cocinar. Hasta entonces, mis dotes culinarias no pasaban de freír huevos (con guantes por si saltaba el aceite).

También empecé a notar con más precisión el efecto que la ingesta de alcohol producía en la clase del día siguiente. Incluso notaba el efecto de la cena de la noche anterior y, por supuesto, del café que había tomado esa mañana. Todo lo que hasta entonces pasaba desapercibido empezó a hacerse obvio y a salir a la superficie.

Decidí limitar los *gin-tonics* y el vino a ocasiones muy esporádicas e irme a la cama temprano para evitar tentaciones de media noche. Tampoco necesitaba tanta cafeína por la mañana para funcionar.

El efecto combinado de todos estos cambios hizo que cada vez me encontrara mejor y me sintiera más tranquila. Poco a poco empecé a vislumbrar pedacitos de claridad. Todavía no sabía exactamente qué iba a hacer con mi vida y cómo iba a resolver mi divorcio y la situación legal en Australia, pero lo que veía es que el mundo no era un lugar tan oscuro como yo creía. También veía que era más fuerte de lo que pensaba, que todavía no estaba en forma, pero que podría estarlo. La misma esperanza cabía para mi mente y mi corazón.

También veía que en mi interior había posibilidad de luz. **Con la práctica regular del silencio, aprendí a verme por dentro. Empecé a sentirme. Empecé a escucharme. Empecé a notar mi respiración, el latido del corazón, mi pulso. Empecé a ver distintos matices dentro de mí y también fuera.**

No iba a las clases buscando nada en concreto y, sin embargo, siempre encontraba algo nuevo. Siempre me han gustado las metáforas, así que decidí trasladar a mi vida lo que iba aprendiendo cada día en el *mat*.

A veces me culpabilizaba por haberme abandonado, por haberme dejado llevar sin rumbo durante tantos años, pero cada movimiento y cada respiración me recordaba que todo lo que existía era ese

preciso momento. Según llegaba una nueva respiración, la anterior quedaba atrás.

Y así iba construyendo mi práctica diaria. **Cogiendo aire nuevo, inspirando. Expulsando lo viejo, exhalando. Y, a la vez, moviéndome en todas las direcciones, reposicionándome en ese pequeño espacio que proporciona una esterilla de yoga.**

Sin necesidad de ir a ningún sitio, las posibilidades eran infinitas. Poder sudar y poder descansar. Mirar el mundo desde una óptica invertida. Descubrir espacios hasta entonces desapercibidos, entre las costillas, entre las vértebras. Familiarizarme con mis propias medidas y ángulos. Era como si hubiera aterrizado en un cuerpo nuevo por primera vez.

Mi cuerpo y yo empezamos a conocernos de nuevo, como dos viejos amigos que se reencuentran después de años separados. Mi mente poco a poco comenzaba a romper barreras del pasado. Sentía que estaba haciendo un viaje, pero no a un lugar desconocido, sino de regreso al hogar. Un viaje de vuelta a casa, a mi yo más profundo.

Te invito a que también vuelvas a ti, a tu hogar, a través de esta meditación.

MEDITACIÓN PARA REGRESAR A TU CORAZÓN

Cierra los ojos. Trae a tu corazón todo lo que es verdaderamente importante para ti. La imagen de personas a las que amas, que te acompañan en tu camino. Invoca también la sensación de tu hogar. Trae a tu corazón todo lo que has construido a lo largo de los años, incluyendo los obstáculos superados. Todas las dificultades que en su momento creíste que podrían contigo y, sin embargo..., aquí estás. Respirando tranquilo.

Siente la sensación de logro dentro de ti, de haber construido poquito a poco una vida entera, y el caudal de aprendizajes que has acumulado en el camino.

En la vida no perdemos nada, todo por lo que hemos pasado suma. Cada estadio nos hace un poco más fuertes, en cada etapa creamos músculo para continuar adelante con más experiencia, resistencia y sabiduría.

No has perdido nada ni te has perdido nada. Todo te acompaña. Tus experiencias viajan contigo. Como diría mi profesor de meditación Lorin Roche, «la vida nos tatúa escrituras en la piel».

Dirige tu respiración a tu corazón. No te puede faltar nada cuando lo tienes todo.

Una práctica que te reequilibra

Mi esterilla de yoga y mi cojín de meditación son el laboratorio donde experimento cualidades, actitudes y expresiones que después voy a practicar en mi vida cotidiana. **Uno de los principios que aplico a mi vida es una de las máximas fundamentales en yoga: la respiración siempre precede a la acción.** No solo la precede, sino que la dirige. Antes de dar un paso importante, tómate unos momentos para coger aire. O para soltarlo.

La inspiración es la antesala a la expansión, la apertura. La exhalación es el preludio al descenso, la torsión y la liberación. Física y metafóricamente. **Si necesitas llenarte de energía, activarte, abrirte al mundo, alarga tu inspiración. Si necesitas relajarte, soltar y liberarte, alarga tu espiración.** La acción es la consecuencia de la dirección de nuestra energía; no al revés. Activa la energía que desees y, desde ahí, actúa. Alinéate por completo.

Inspira profundamente
y decide cuál va a ser
tu siguiente movimiento,
a dónde vas a dirigir
tu energía.

Exhala y decide dónde necesitas plegarte. Ante qué necesitas rendirte.

Además, cada día que practico yoga descubro algo diferente, una sensación nueva, una energía nueva. **Cada día que pasa somos personas distintas, ya que muchas células han dejado de existir y otras nuevas han nacido. Por lo tanto, si nuestro cuerpo cambia a diario, también cambia nuestra mente.** Así pues, nunca repetimos la misma postura porque cada día algo en nosotros se ha transformado.

Como en la vida, en mi práctica trato de buscar el punto óptimo entre esfuerzo y descanso. Hasta dónde puedo llegar cada día de forma segura, sin hacerme daño, pero evitando caer en la complacencia. Consigo encontrar el equilibrio en la postura y, al segundo siguiente, lo pierdo. Observo cómo reacciono, mi frustración al no encontrar estabilidad cuando la busco y por cuánto tiempo me desespero. Cuánto tardo en volver a intentarlo y olvidarme del momento anterior, que ya solo pertenece al pasado. Escucho qué dice mi mente, cómo me hablo y cómo responde mi cuerpo.

El progreso en la práctica no está en ser capaz de enroscarse como un *pretzel* ni en vaciar la mente de pensamientos. El progreso está en agudizar día a día la capacidad de prestar atención y escuchar las señales internas y de mantener la ecuanimidad cuando las cosas no salen como queremos. El progreso está en regresar cuando nos perdemos.

Me gustaría compartir contigo un asana (postura) muy sencillo pero fundamental para construir muchos otros, *tadasana* o la postura de la montaña. Desde tiempos ancestrales, las montañas han sido lugar de veneración. De ellas nacen los ríos que forman la vida en los valles y se elevan de la tierra apuntando al cielo, por lo que para muchos pueblos son lugares donde habitan los antepasados o de peregrinación espiritual. Su majestuosidad evoca solidez, firmeza, integridad y estabilidad.

Podemos invocar las cualidades de la montaña dentro de nosotros en cualquier momento. Recurre a esta postura cuando necesites recuperar solidez y coraje en momentos de fragilidad. También cuando necesites mantenerte seguro y firme respecto a alguna decisión que tengas que tomar.

POSTURA DE LA MONTAÑA
(tadasana)

Ponte de pie con los pies separados a la anchura de tus caderas. Estira los dedos de los pies y presiona las plantas contra el suelo, creando un cimiento sólido para tu montaña.

Mantén las piernas estiradas y la pelvis ligeramente rotada hacia adelante para crear aún más firmeza y estabilidad en tu postura.

Mantén la columna recta, el cuello estirado y la mirada tranquila hacia delante.

Rota los hombros externamente, para que las palmas de las manos miren al frente y, a la vez, relájalos.

Abre tu pecho y tu corazón.

Siente la distribución simétrica en el peso de tu cuerpo. Este equilibrio aporta ligereza en la postura. Es posible que puedas sentir que flotas.

Inspira y dirige el oxígeno hacia los pies, anclándolos en la tierra. Recuerda que son la base sobre los que se asienta tu montaña.

Espira y observa la energía ascendiendo desde tus tobillos, por detrás de las piernas, hasta alcanzar tus caderas. Desde las caderas, nota esa ascensión a través de los riñones, alargando los laterales de tu cuerpo, viajando hasta tus manos. Y a la vez, escalando por tu columna, el pilar de tu cuerpo, hasta llegar a la parte superior de la cabeza, hacia el cielo.

Tu cuerpo es sólido.
Tu mente está en calma.
Con cada inhalación,
dirige tu atención
desde la nariz hasta los pies,
enraizándote en el suelo
y proporcionándote
estabilidad y solidez.
Con cada espiración,
siente la energía ascendiendo
de la tierra al cielo,
comenzando por los pies,
alargando la columna,
haciéndote crecer.

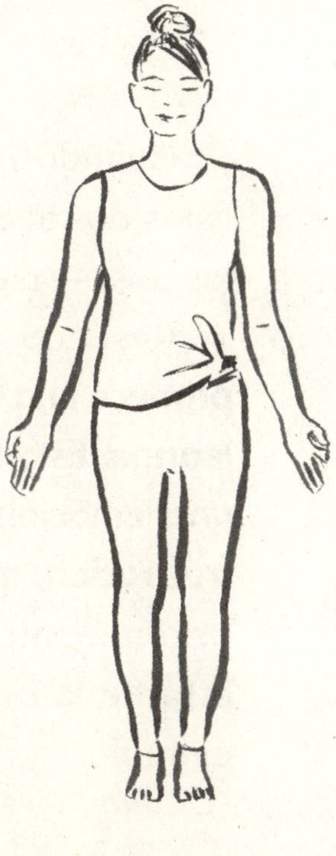

Cierra los ojos y observa las sensaciones que se producen dentro de ti. Aunque sea una postura muy sencilla, en ella puedes descubrir detalles sutiles cada día.

Según la Real Academia de la Lengua Española (RAE), la palabra *equilibrio* tiene dos definiciones:

1. Estado de un cuerpo cuando fuerzas encontradas que obran en él se compensan destruyéndose mutuamente.
2. Situación de un cuerpo que, a pesar de tener poca base de sustentación, se mantiene sin caerse.

Cuando me siento inestable, me gusta volver a estas dos acepciones: analizo cuál aplicar —¡quizás las dos!— para encontrar respuesta a mi situación.

Resueno con la primera definición cuando **se produce una fuerza dentro de mí que me hace tambalearme. Esta fuerza normalmente se manifiesta como una emoción intensa que habitualmente es rabia, frustración, miedo...** Entonces, para volver al equilibrio necesito encontrarme con esa fuerza y aplicar otra de la misma intensidad que la compense. Por ejemplo:

- La fuerza compensatoria para la ira puede ser el amor o, al menos, la amabilidad.
- Para la frustración, la compasión o, al menos, el entendimiento.
- Para el miedo, el coraje o, al menos, la curiosidad.

- Para la pena, la alegría o, al menos, la esperanza.
- Para la vergüenza, la aceptación o, al menos, el sentido del humor.

Es necesario tomar distancia con la situación que nos está enfadando, frustrando, asustando, apenando o avergonzando para aplicar sobre ella la fuerza contraria. Si se te hace muy difícil, te sugiero buscar otro ángulo a esa situación, definir lo que está sucediendo de otra forma, para que puedas encontrar la energía compensatoria que necesitas.

También hay formas de autoentrenarte para conseguirlo. A través de mi propia experiencia he descubierto que si buscas otra situación en tu vida donde puedes aplicar esa energía compensatoria, vas a sentir que, poco a poco, los efectos se expanden a esas circunstancias que te están desequilibrando.

Como ejemplo, si te cuesta ser generoso con una persona que ha sido tacaña contigo o que no te ha ayudado cuando lo has necesitado, sé generoso con otras causas o personas que lo necesiten y observa cómo te sientes cuando practicas generosidad, qué te aporta a ti el hacerlo.

Es posible que esas sensaciones te ablanden y te muestren que no se trata de lo que los demás te hagan, sino de la actitud con la que tú quieres vivir en este mundo y honrarla por encima de todo.

Y, muy importante, recuerda que la intensidad de tu fuerza compensatoria debe ser la misma para poder anularla.

Pero la segunda acepción de la RAE también la tengo presente para **volver al equilibrio tomando como inspiración la estabilidad elástica de las palmeras.** Las palmeras que vemos junto a la playa consiguen mantenerse en pie a pesar de la fuerza del viento que las azota. De hecho, resisten el viento mucho mejor que otros árboles de apariencia más sólida.

Con relación a su altura, la base parece minúscula y, sin embargo, es más que suficiente para no doblegarse ante temporales. Una red de raíces profundas las mantiene sujetas a la tierra. El tronco es flexible, adaptable, para no vencerse ante el viento. **Cuando el viento sopla, baila con él, no se resiste.** Sus grandes hojas tienen forma de plumas para unirse a él. Se doblan, pero no se rompen fácilmente, sino que abanican el cielo.

Cuando necesites reequilibrarte, reflexiona:

- ¿Estoy siendo demasiado rígido ante esta situación y por eso no consigo mantener el equilibrio?

- ¿Existe alguna forma de bailar con las circunstancias y ofrecer una actitud o respuesta más flexible?
- ¿Cómo puedo adaptarme a esta situación sin romperme?
- ¿Qué red de raíces, de apoyos, me pueden ayudar a sostenerme?

También puedes experimentar con tu equilibrio practicando la postura del árbol.

POSTURA DEL ÁRBOL
(vrksasana)

A través de esta postura de yoga puedes observar cómo la compensación de fuerzas opuestas te ayuda a mantener el equilibrio.

Ponte de pie, manteniendo la columna estirada, los hombros abiertos para ensanchar el pecho, igual que hacíamos en la postura de la montaña.

Coloca los pies en paralelo abiertos a la misma distancia que las crestas ilíacas (aproximadamente, el equivalente a la longitud de un pie de distancia). De esta forma, crestas ilíacas, rodillas y tobillos están alineados.

Ancla tu pie derecho en el suelo. Asegúrate de que los cinco dedos de la extremidad presionan el suelo y de que tu peso está distribuido en todo el pie.

Mantén la concentración en un punto fijo delante de ti.

Lentamente, eleva tu pie izquierdo y coloca la planta de ese pie presionando la cara interna de la pantorrilla derecha o la cara interna del muslo derecho. Nunca contra la rodilla para no dañarla.

Rota la rodilla izquierda hacia el exterior, en la medida en que puedas mantener ambas crestas ilíacas orientadas hacia el frente.

Presiona tu pie izquierdo contra la pierna derecha y, a la vez, ejerce la misma presión de la pierna hacia el pie. Ambas fuerzas se compensan en el eje vertical de tu cuerpo y esto te ayuda a mantener el equilibrio.

Mantén la postura recta, los hombros y el corazón abiertos.

Inspira enraizándote en la tierra y expandiendo tu pecho.

Espira suavizando las escápulas y estabilizando tu árbol.

Junta las palmas de tus manos en posición de rezo. Colócalas en el centro de tu pecho, en tu eje vertical. Siente cómo tus pulgares presionan ligeramente contra tu pecho y tu pecho contra ellos, contribuyendo a tu equilibrio.

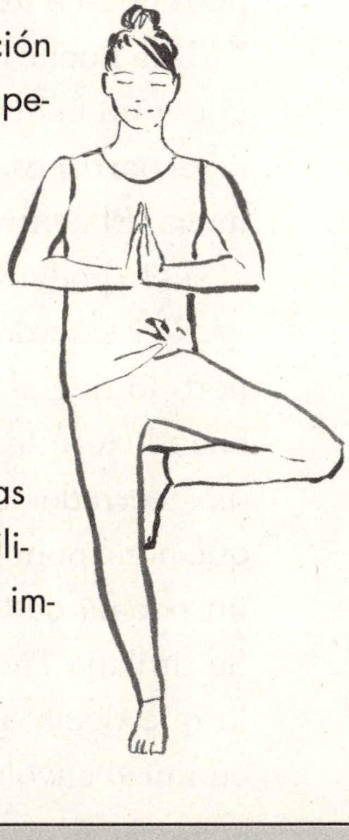

Mantén la mirada en un punto fijo.

Siente cómo la compensación de fuerzas opuestas te ayuda a mantener el equilibrio. Y, si lo pierdes, sin darle mayor importancia, vuelve a intentarlo.

Repite el ejercicio con la otra pierna.

Poesía para ir hacia dentro

Recuerdo un suceso especial que ocurrió en un periodo particularmente duro de mi vida. En el trabajo, estábamos de cierre trimestral y teníamos reuniones interminables hasta las tantas. La relación con Fernando estaba en sus últimos coletazos. A pesar de que vivía en un apartamento luminoso de paredes blancas que reflejaban el río Brisbane, muchas noches sentía que se me caía la casa encima. Entonces, aunque fuera tarde, salía a caminar sola por el paseo junto al río.

Una noche de aquel verano australiano, me acerqué a un centro de yoga que acababa de descubrir en el barrio. Me situé en la última fila, como siempre hacía. El centro estaba a pie de calle y tumbada en el suelo podía ver trocitos de cielo. Estaba agotada.

No recuerdo qué posturas hicimos aquella noche, pero lo que sí recuerdo como si fuera ayer es que cuando terminó la práctica y descansábamos con los ojos cerrados en *savasana* (la postura del cadáver, que pone punto final a cada sesión), la profesora leyó un poema de la poeta estadounidense Mary Oliver. Se titulaba *The Journey* (El viaje). No entendí todo lo que decía, pero los últimos versos se quedaron conmigo envolviéndome, igual que la noche afuera.

Cuando salí de clase, me senté en un banco con mi *mat* entre las rodillas y googleé el poema para releer aquellos versos, empapándome de ellos, mezclando sus palabras con las mías y mirando al cielo. Era una noche tranquila y cálida. **Respiré hondo y, en mi interior, empezó a florecer este poema que escribiría en mi cuaderno poco después (no es que sea una maravilla literaria, pero recoge un momento especial de aquellos años):**

El cielo sobre mí estaba despejado
y las estrellas de la Cruz del Sur ardían.
Aquella noche no sabía quién era Mary Oliver,
ni qué le había pasado en la vida,
pero sentía
que yo también empezaba a reconocer como propia
una nueva voz,
la mía.
Y si ella había podido salvar su vida,
con su sola compañía,
pisando con confianza y determinación en el mundo,
quizás yo también podría.
Me puse de pie y me colgué la esterilla al hombro.
Una vez más, algo había cambiado.
Otra vuelta de tuerca en el camino de la transformación.

Me puse de nuevo en marcha, dirigiéndome a salvar la única vida que podía salvar, la mía.

A partir de aquel día empecé a incorporar la poesía y la lectura como parte de mi práctica de meditación y yoga. A veces, un poema puede servir como inspiración para meditar, para diseñar toda una secuencia de yoga o simplemente para quedarme en una postura sintiendo cómo el eco de unos versos reverbera dentro de mí. Otras, leo un poema y me siento a hacer ganchillo o un pequeño dibujo hasta que los versos terminan de hacer su efecto en mí y se diluyen en la lana, el papel o en el aire.

Te invito a que te dejes inspirar por tus poetas preferidos: Borges, Machado, Neruda, Pedro Salinas, Rupi Kaur, y los hagas partícipes de tus momentos de meditación.

Tu lectura puede ser parte de tu práctica contemplativa, y viceversa.

MEDITACIÓN POÉTICA

Echa un vistazo a tus libros de poesía favoritos.

Busca un poema al azar. Léelo detenidamente varias veces.

Cierra los ojos.

Llévalo a tu corazón.

Escucha el eco de las palabras en ti.

Quédate en ese espacio unos minutos hasta que el poema vuelva a convertirse en silencio.

Abre los ojos.

Si así lo sientes, escribe el mensaje que has recibido de él o transforma ese poema en el tuyo propio, contado con tus palabras.

....

....

....

....

Calmar la mente: liberarnos de patrones, obligaciones y miedos

Las huellas que nos condicionan

En yoga se dice que, desde que nacemos, todo lo que pensamos, decimos y hacemos va dejando huella en nosotros paulatinamente. Esta huella que vamos creando cada día a través de nuestros pensamientos, palabras y acciones se suma a la que heredamos de nuestros antecesores o de vidas pasadas, según la tradición hindú y budista. De este modo, **nuestros patrones de actuación —aprendidos y heredados— van consolidándose en nuestra mente y tomando el control de nuestro subconsciente hasta que, poco a poco, empiezan a dominarnos sin que nos demos cuenta.**

Igual que el agua de un río crea su cauce cuando pasa por los mismos lugares, la repetición de nuestros pensamientos y acciones va dejando huella y fortaleciendo su presencia en nuestro subconsciente. Estos cauces subterráneos son los *samskaras* o, en un lenguaje más actual, las vías neuronales que se forman en el cerebro.

A mi modo de entender, los *samskaras* son los condicionamientos que nos impulsan a actuar como lo hemos hecho en el pasado, y se mantienen ocultos hasta que decidimos examinarnos.

En yoga se explica que los *samskaras* son la causa de nuestras fluctuaciones mentales y dirigen o dan el matiz personal a nuestras respuestas, a nuestro estado mental y a nuestra vida.

Los *samskaras* se encuentran enterrados en las profundidades de la mente y escapan a nuestra percepción si no prestamos atención. Deciden por nosotros a nivel subconsciente cómo respondemos ante los estímulos de la vida.

A veces se manifiestan claramente cuando entramos en el mismo bucle de siempre, cuando nos sentimos condicionados o aprisionados en lugar de libres en nuestras acciones o cuando respondemos ante la vida sin consciencia, dejándonos llevar.

Uno de mis *samskaras* es mentir cuando percibo que la verdad puede hacerme daño. Para mí, mentir incluye todas sus variantes: exagerar, alterar u omi-

tir información con la finalidad de que los demás me quieran o me acepten. También he mentido para evitar sufrimiento a otras personas, aunque, al final, la única que terminaba haciéndose daño era yo, por no hablar de la humillación que sufría cuando me pillaban.

Cuando decidí desmantelar por completo mis creencias y revisar cómo estaba viviendo mi vida, me di cuenta de la habilidad tan perfeccionada que tenía para mentir. Creo que había ido cultivando esta destreza día a día desde los siete años, cuando suspendí mi primer examen de matemáticas. El día de antes me lo había pasado leyendo cuentos —para mí, eran mucho más interesantes que hacer divisiones—, así que, cuando le dije a mi padre que había sacado un dos y medio, me castigó con no leer más libros hasta que no sacara un diez en mates.

Para mí, aquel castigo fue suficiente motivación para que todas las tardes me pusiera a hacer cuentas hasta que conseguí sacar un diez. Una vez me levantaron el castigo, volví a refugiarme en los libros con más ganas aún y, sorpresa, suspendí el siguiente examen de matemáticas.

Esta vez, viendo el resultado que había tenido decir la nota real en casa, decidí callarme. Aunque estaba nerviosa por guardarme la verdad, el miedo a la represalia me superaba. Mi técnica funcionó: gracias a que no dije nada, evité que me cayera una buena bronca.

A partir de aquel momento, aprendí a callarme la verdad, a exagerar hechos y a engañar no solo con exámenes, sino con cualquier travesura. Con el tiempo, normalicé el hecho de mentir y dejé de sentir ansiedad cuando lo hacía. **Fue así como un patrón de comportamiento que empezó de forma inocente se convirtió en habitual e inconsciente a raíz de repetirlo.**

Tuvieron que pasar varias décadas para que me diera cuenta del funcionamiento de mi superpoder especial para tergiversar la verdad y las ramificaciones que esto tendría en mi vida. El mecanismo que pone en marcha mi cerebro es este:

1. Capta que algo de lo que digo no va a gustar a mi interlocutor o va a alterar la forma en la que yo quiero que esa persona me perciba.
2. Decide qué es lo que la otra persona quiere escuchar.
3. Da una respuesta que percibe como satisfactoria para mi interlocutor.
4. Se da cuenta de que esa respuesta es incoherente con la respuesta que de corazón querría dar o con la simple realidad.

5. Llegados a este punto, por no contradecirme o quedar como una mentirosa, me callo.
6. Me siento culpable, avergonzada y cobarde, dañando mi autoestima.

Mi afición a distorsionar la realidad me hizo recorrer caminos incoherentes con lo que quería hacer; hacer mías creencias que no lo eran; aceptar decisiones de otros en contra de mis valores y, sobre todo, me sumió en una crisis de identidad brutal en la que no sabía qué quería, en la que temía decir la verdad y ser yo.

En mi caso, mentir es una estrategia de adaptación para ser aceptada, para encajar en un molde social imaginario. Detrás de esta forma de actuar se encuentra la creencia de que, si soy yo misma, los demás no me querrán porque no soy suficientemente lista o no estoy lo suficientemente preparada.

En realidad, este mecanismo de la mente tiene una intención noble, cuidar de mí y protegerme, pero las consecuencias son más dañinas que la honestidad, por dolorosa que parezca en el momento.

Pero es posible desenterrar nuestros patrones inconscientes y quitarles el poder que tienen cuando están escondidos. **De la misma manera que creamos o heredamos *samskaras*, mediante la repetición podemos crear nuevos cauces de actuación y cambiar nuestro destino a diario.**

> No estamos condenados
> a actuar de la misma forma
> que en el pasado.
> Cada día creamos
> nuestro destino mediante
> nuestras creencias,
> palabras y acciones.

El punto de partida para abandonar estos hábitos perjudiciales empieza por prestarte atención y empezar a escucharte, verte, sentirte y, en definitiva, conocerte a fondo. Después, toma las riendas del cambio. Tu cambio está única y exclusivamente en tus manos. Escoge nuevas creencias, palabras y acciones que hagan honor a tu verdad y a quién eres. Toma la decisión de ser quién eres sin miedo. Por último, pon en práctica estas creencias, palabras y acciones una y otra vez hasta que se conviertan en habituales, automáticas e inconscientes.

Tu cerebro está diseñado para automatizar tus reacciones y ahorrarte energía. Solo tienes que practicar día a día hasta que tus nuevas respuestas sean tan naturales como atarte los cordones de los zapatos. Es cuestión de persistencia.

Saca a la luz
tus ríos subterráneos
y crea el cauce para
que otros nuevos
hagan honor a tu verdad.
Recuerda que la verdad
te hará libre.

Para construir tu nueva filosofía de vida, te sugiero que realices regularmente el siguiente ejercicio.

CONSTRUIR NUEVAS CREENCIAS, PALABRAS Y ACCIONES

En los próximos días, presta atención a la forma en la que piensas, actúas y te comportas ante situaciones en las que siempre reaccionas de la misma manera que no te satisface.

Examina cuál es esa respuesta automática, cuál es la secuencia que sigue tu cerebro, como si se tratase de un mecanismo que pudieses diseccionar.

Ve atrás en el tiempo para descubrir o intuir dónde puede estar el origen de esta huella o *samskara*.

¿Qué momento de tu vida crees que lo desencadenó?

Trae este condicionamiento a la superficie y hazte consciente de su presencia para que pierda su fuerza.

Ahora que lo has visto, tienes alternativas.

Si consideras que ha llegado el momento de terminar con esta actitud que se repite en bucle y de abrir un nuevo cauce en tu mente, decide qué vas a hacer de ahora en adelante.

¿Cuál va a ser tu nueva creencia, tu nueva forma de expresión o tu nueva forma de actuación?

Practica primero en tu mente, para que empiece a entrenar y a hacerse a la idea de lo nuevo que viene.

¿Cómo te sentirías si pensaras, dijeras o hicieras lo que deseas? Y si continúas en el tiempo este nuevo patrón, ¿qué beneficios obtendrías a largo plazo?

Luego, llévalo a la práctica. Puedes dar pequeños pasos cada día o decidir llevar a cabo una transformación radical.

De cualquier forma, lo importante es repetir tu nueva manera de pensar, hablar y actuar a diario.

Y si de vez en cuando vuelves a dejarte llevar por tu antiguo *samskara*, no te rindas.

Siéntete orgullosa de que por fin eres capaz de verlo y entenderlo y continúa practicando tu nueva creencia.

Así es como diseñas tu vida.

Lo que tu niño interior te muestra

Viajar atrás en el tiempo para observarnos cuando éramos niños explica muchas cosas de nuestro yo adulto. **Cuando echo la vista atrás, veo a una niña absorta en su propio mundo, fantasiosa, solitaria, sumergida en un universo en el que puede hacer lo que le dé la gana sin que ninguna profesora la castigue por salirse de los márgenes o seguir su propio ritmo.**

En mi caso, siempre me ha parecido curioso que los primeros recuerdos que conservo no sean en casa, sino en el colegio. Aunque muchas veces no entiendo lo que sucede en mi entorno, mientras haya libros y tenga mi imaginación, me siento a salvo.

Así es como me veo con cuatro o cinco años. Cuando empecé a hacerme mayor, pensaba que era rara y despistada. Me decían que vivía en las nubes. Y yo deseaba ser más normal. Para encajar.

Hoy, cuando me siento incomprendida o avergonzada por ser como soy, cierro los ojos y vuelvo a sentarme junto a esa niña y dejo que me enseñe quién soy y cómo soy sin rechazo.

Cierro los ojos y me siento a su lado en su pupitre del colegio. Le sujeto el libro de letras grandes,

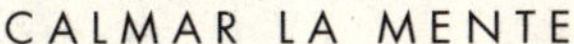

leemos palabras juntas y le cuento que algún día serán su medio de vida. **Le doy las gracias por recordarme que no debo olvidarme de mí ni mucho menos rechazar las partes que dan vida a mi personalidad. Entonces me doy cuenta de que sigo siendo la misma.**

El concepto del *niño interior* surge de la terapia Gestalt. Te invito a que escuches al niño que aún habita en tu interior con el sencillo ejercicio de la página siguiente.

LAS REVELACIONES DE TU NIÑO INTERIOR

Cierra los ojos y rebusca en tu memoria el primer recuerdo de tu vida. ¿Dónde estabas y qué hacías? ¿Quién estaba a tu alrededor? ¿Qué veías? ¿Qué sentías?

Siéntate al lado de tu yo de la infancia. Encuéntrate en esa imagen. Obsérvate con cariño y comprensión.

Toma nota de qué ha cambiado y qué sigue igual.

Deja que ese niño o niña te muestre quién eres en esencia y, quizás, algún aspecto tuyo que necesites recordar.

Si tu primer recuerdo evoca algún tipo de tristeza, siéntate al lado de tu yo niño y cuéntale lo que necesita saber o entender para que no sufra más.

Continuando mis intentos por deshacer el enredo de mi vida, con ayuda de una *coach* de Programación Neurolingüística (PNL), descubrí **otra creencia limitante que se forjó en mi infancia**. En Salamanca, la ciudad en la que crecí, estudiaba mucho espoleada por el terror a la humillación en clase —iba a un colegio de curas a la antigua usanza con métodos que hoy en día serían impensables— y a la posterior bronca en casa.

La parte positiva es que hice amigos para siempre, conseguí entrar en la universidad que quise y de paso aprendí un montón de datos que me han granjeado muchos quesitos en el Trivial.

La parte negativa es que en esos años se instaló en mí la creencia de que la vida es una competición en la que, si te equivocas, los demás te adelantan y pierdes tu puesto.

Así, hice mía la convicción de que mi posición en el mundo se determinaba en función de la posición de los que me rodeaban. Esto me causó inseguridad y ansiedad crónicas. Me medía en función de lo que los demás conseguían, en vez de mirar mi propio camino y ver en los logros ajenos oportunidades para aprender de ellos, inspirarme o, simplemente, alegrarme por ellos.

Me costó muchos años identificar esta creencia, desaprenderla y establecer una nueva manera de dar sentido a la vida que me ayudara a continuar mi camino segura, tranquila y centrada en mí, no en los demás.

Me di cuenta de que poner el foco en lo que los demás conseguían y yo no era otra forma de distraerme, de perderme, de sacar energía fuera de mí, de desperdiciar tiempo que podría aprovechar para hacer lo que realmente merece la pena. Para construir mi propia vida.

Busca en los demás el ejemplo de lo que es posible y tómalo como una oportunidad para abrir tu mente a nuevos caminos, pero nunca lo utilices como el rasero para evaluar tus propios méritos.

Puedes reflexionar sobre el alineamiento de tus valores y tus acciones realizando el siguiente ejercicio.

HONRA TUS VALORES

Tómate un momento para pensar sobre qué valores son importantes para ti. ¿Qué valores quieres que sean el estandarte de tu vida y portar orgulloso?

Tú tienes el poder de decidir cómo quieres vivir tu vida y qué poso quieres que dejen tus acciones en otras personas y en el mundo. ¿Cuál quieres que sea tu legado? ¿Cómo te gustaría ser recordado?

Lo que haces y el cómo lo haces son igualmente importantes, y ese *cómo* lo determinan tus valores.

Escoge los tres valores que sean más importantes para ti. Escribe qué significan para ti, por qué quieres protegerlos y qué acciones quieres tomar para honrarlos.

....

....

....

....

....

Los valores son los cimientos sobre los que construyes tu vida y debes tomarte en serio mantenerlos con rotundidad.

Si para ti es importante el compañerismo y la amistad, no permitas que en tu vida o en tu mente acampen la envidia y la competitividad insanas. Si para ti es importante el esfuerzo y la dedicación, lucha contra la dejadez y el abandono.

Defiende aquello en lo que crees, cuida tu vida.

Cuando lo contrario a tus valores se te ponga delante —es inevitable, no te preocupes—, ponle límites a tu manera.

Hay quien visualiza que cierra la puerta a la envidia o a la codicia, que se sacude esa sensación como si fuera una mota de polvo o que se sumerge en agua para limpiarse. Hay quien escribe en un papel todo lo que le pasa por la cabeza y después lo tira por el retrete o lo quema.

Limpia tu espacio mental a tu manera.

Pero, recuerda, debes mantener los valores que has elegido en tu vida como una promesa importante hacia ti mismo. Tampoco olvides que el resto del mundo tiene derecho a escoger los suyos. Ten presente respetarlos.

El poder de crear tu vida

A mis sesiones de *coaching* suelen acudir mujeres que se sienten tan sobrecargadas de tareas y obligaciones que solo alcanzan a ver el siguiente paso, lo que requiere su atención inmediata.

Se encuentran cansadas, agotadas físicamente, y el peso del día a día les impide soñar con algo más allá de lo doméstico. El único horizonte que vislumbran es una montaña inacabable de obligaciones y todo su esfuerzo está puesto en superar cada jornada como mejor se pueda.

Pero, a veces, esa parte de ellas que ha quedado un poco olvidada, que sueña con volar libre y despojarse de ataduras, se enciende. Alzan la vista más allá del siguiente paso y no entienden dónde se encuentran ni cómo han llegado hasta aquí. Se han perdido en un bosque de quehaceres, de listas de tareas, de compromisos. Entonces empiezan a preguntarse: ¿y yo qué venía a hacer aquí? Y este peso que arrastro, ¿de dónde ha salido? ¿En qué momento se me ha asignado y por qué no lo he cuestionado nunca?

Llegados a este punto, la mente entra en pánico y grita: ¡No tengo propósito en la vida! ¡Me he perdido! ¿Cuál es MI camino? ¿Esta va a ser mi vida? ¡Ni siquiera sé si me gusta lo que hago!

En nuestras listas mentales de tareas escribimos qué tenemos que hacer. Después, organizamos cómo lo vamos a hacer y buscamos formas de ser lo más productivos posibles. Pero ¿cuántas veces nos paramos a pensar en por qué hacemos lo que hacemos?

Nuestro propósito en la vida se sustenta en los porqués. Por esta razón, debemos recordárnoslos a menudo haciéndonos este tipo de preguntas: ¿por qué estoy en este trabajo? ¿Por qué es importante para mí esto que hago? ¿Por qué voy al gimnasio cada día? ¿Por qué quiero preparar la comida de mis hijos cada mañana? ¿Por qué estoy con la persona que se acuesta a mi lado?

Si tu respuesta a estas preguntas es porque es lo que quiero, porque me gusta, porque me sienta bien y me alegra el día, porque es positivo para mí y para mi familia, no olvides recordarte esas motivaciones a diario. A veces las olvidamos.

Si la respuesta es no lo sé, porque no me queda otra, porque me lo imponen, porque es lo que se supone que debo hacer o porque es lo que he hecho siempre, es momento de revisar tus prioridades y tus acciones. Quizás debas delegar algunas de tus tareas y replantearte un cambio de estrategia para vivir tu vida. Quizás debas tomar decisiones que ya no pueden esperar más o hacerte un plan que te acerque poco a poco a tu objetivo. Es primordial tomar acción para poder recuperar el control sobre tu vida.

Y así, cuando mires adentro podrás encontrar un porqué que te convenza, al que puedas acudir cuando te pierdas, que te dé la seguridad de que detrás de lo que haces existe una razón clara, unos cimientos sólidos sobre los que construir tu vida con propósito.

También es importante tomar consciencia de si te encuentras en un momento de transición en tu vida. Es posible que estés en un trabajo que no es el que más te gusta ni te ves ahí a largo plazo, pero te sirve para pagar las facturas. O viviendo en una ciudad donde no te ves echando raíces.

En estas situaciones es importante recordarnos que estamos en un momento de tránsito, que no es definitivo ni permanente, ni mucho menos irremediable.

Durante aquellos años en los que vivía entre hojas de cálculo pensaba que no tenía escapatoria y me deprimía, malgastando mi tiempo y mi energía. Tampoco encontraba un porqué que me motivara para mirar más allá de lo que tenía delante. Con Crave for Crafts descubrí que podía montar un negocio sola y utilizar esas habilidades que había aprendido en anteriores trabajos en campos nuevos. Tam-

bién me abrió las puertas a un puesto de coordinadora en una organización sin ánimo de lucro en el sector de servicios sociales.

En ella además enseñaba yoga y meditación a mis compañeros, lo que me inspiró a contar lo que iba descubriendo en el pódcast *Divina de la Mente* y a ayudar a otras personas a través del *coaching*. Cada paso fue abriendo una puerta al siguiente umbral.

Pon energía y tiempo para dirigirte hacia donde quieres ir, crea una visión de vida a largo plazo y agenda pequeños pasos mensuales que estén alineados con ella.

Pero también continúa dándole valor a lo que haces en estos momentos, no te hundas en la realidad inmediata, no te desesperes mientras llega una nueva oportunidad ni tampoco te convenzas de que tu situación es permanente.

Ve más allá y sueña mientras vives plenamente la realidad en la que te encuentras. Descubre lo que te llena en el día a día y saboréalo con ganas.

Para crear una vida en la que haya espacio para lo que es importante para ti, te propongo el siguiente ejercicio.

LAS TRES PRIORIDADES DE TU VIDA

Escribe cuáles son las tres prioridades en tu vida en este momento y por qué son importantes para ti. Es importante que tus prioridades no contravengan los valores que escogiste en el ejercicio anterior.

....

....

....

....

....

....

A continuación, echa un vistazo a tu agenda de la próxima semana y observa la lista de tareas y compromisos.

¿Existe coherencia entre lo que haces y lo que es importante en tu vida?

¿Hay hueco para tus prioridades?

Reflexiona sobre qué se interpone entre tus prioridades y tu agenda semanal. Escribe todo lo que te pase por la cabeza. No te quedes en la superficie, vacíate de excusas, miedos y vergüenzas.

....

....

....

....

....

....

....

....

....

....

....

SOLTAR LASTRE PARA AVANZAR

Estas son las piedras que acarreas en tu mochila. Algunas son tuyas, otras las has hecho tuyas. ¿Puedes soltar alguna que no te sirva? ¿Puedes simplificar, delegar o externalizar tareas para quitarte peso de alguna forma?

Repasa si tienes espacio en tu vida para añadir pequeñas acciones diarias que sustenten tus prioridades.

Si ya está llena, entonces debes eliminar, delegar o dejar para otro momento acciones que no son importantes ni te aportan bienestar.

Así de claro. Si no lo haces, terminarás por sentir que la vida te atrapa. Esto es muy importante para vivir con un propósito claro.

Puedes experimentar ideas para recordarte a menudo tus prioridades. Si eres una persona visual, puedes hacer un pequeño *collage* en Pinterest con imágenes que evoquen estas prioridades y ponértelo de salvapantallas en tu móvil o en tu ordenador.

Si lo prefieres, puedes escribirte estas tres prioridades en un papel y ponerlo en cualquier lugar que veas a diario: la nevera, el cajón de la ropa interior, tu neceser de maquillaje...

Puedes crear una lista de canciones que te inspire y te conecte con tus prioridades, sean las que sean: más energía, más relajación, motivación, más tiempo con tu pareja o con tu familia...

También puedes diseñar un mantra para cada día, cada semana o cada mes y repetirlo en tus meditaciones. Utilízalo como ancla para tu atención, por ejemplo, puedes probar a repetirlo en las espiraciones.

En la medida de lo posible, organízate a largo, medio y corto plazo según tus prioridades. Mira más allá de tus reuniones de trabajo, citas con el dentista y cumpleaños de amigos y apunta en tu calendario planes que te ilusionen a lo largo del año.

Y recuerda algo muy importante: en tu organización, si es necesario, debes dotar de presupuesto a lo que es importante para ti.

Si es tu formación, haz la lista de libros que te gustaría leer o de los cursos que te gustaría realizar y piensa en cómo puedes ahorrar para inscribirte.

Eliminar gastos innecesarios de tu vida es otra forma de cultivar tus prioridades, de sacar de tu vida lo que ya no necesitas.

Convierte tu vida en especial dando prioridad a lo que quieres, alineando tus acciones con tu propósito y tus valores. Recuerda siempre el porqué de lo que haces.

Ten presente que deshacerse de la mochila en la que acarreas el peso de tantas obligaciones no siempre es un proceso sencillo o inmediato, pero puedes empezar por regalarte el lujo de soñar despierto unos instantes mientras respiras libre porque la mochila descansa a tu lado.

Ahora, respira hondo sentado junto a tu bebida favorita y responde a las siguientes preguntas.

TU DÍA IDEAL

¿Cómo es un día ideal en tu vida? Imagínatelo.

....

....

....

¿Dónde te levantarías, en tu casa o en otro lugar? ¿A qué hora lo harías? ¿Estás solo o acompañado?

....

....

....

¿Haces algo antes de desayunar?

....

....

¿Qué desayunas?

....

....

Después qué haces, ¿trabajas, estudias...? ¿En casa o en algún otro sitio? ¿Te acompaña gente o estás solo?

....

....

¿Caminas o vas en bici o en coche?

....

....

¿Cómo te sientes mientras trabajas?

....

....

¿A qué hora terminas de trabajar y qué haces después?

....

....

¿Realizas algún tipo de ejercicio físico?

....

....

¿Cómo desconectas al final del día?

....

....

Apunta cualquier otro dato que sea importante para ti y que contribuya a que tu día sea ideal, incluyendo actividades con tu familia o tu pareja.

....

....

....

....

....

....

....

....

....

....

Cuando hice por primera vez este ejercicio, mi vida era muy diferente a como es ahora. Responder estas preguntas me ayudó a darme cuenta de lo alejada que me encontraba de un día ideal en mi vida. Aunque el cambio no se produjo de la noche a la mañana, este ejercicio me iluminó para hacer pequeños cambios que, al final, se convirtieron en un estilo de vida totalmente diferente. Trabajaba en una oficina; tenía que coger el coche para ir al trabajo; comía fuera de casa a diario; iba siempre corriendo y, aun así, llegaba tarde a todas partes y bebía prácticamente todas las noches. Además, llenaba los fines de semana de planes para no sentirme sola y, si hacía deporte, era ejercicio físico intenso que me ayudaba a descargar tensión, pero a largo plazo me dejaba aún más exhausta. Con aquel ritmo de vida, me sentía zombi, sin fuerzas y estresada.

En cambio, hoy mi día a día se parece mucho al día ideal que escribí en aquel entonces. En mi día ideal las cosas suceden despacio y con calma y existe la organización. Me levanto y me acuesto temprano; desayuno, como y ceno en casa; bebo mucha agua y me tomo solo un café rico y de cafetería. Me siento productiva, pero sin agobios. Escribo o trabajo en mi ordenador portátil durante al menos tres horas de alta intensidad sin interrupciones, a ser posible,

por la mañana. Después de comer, me siento durante quince o veinte minutos a meditar. Es mi descanso y mi rutina de transición de la mañana a la tarde, de la introspección y el trabajo solitario y profundo al mundo de fuera.

Las tardes las reservo para reuniones, *coaching*, trabajo de *marketing* o administrativo y para hablar con el mundo. Al final del día, consigo encajar una práctica de yoga de veinte minutos para estirar la columna tras muchas horas sentada. Si no llueve, salgo a darme un paseo al aire libre después de trabajar. Si llueve, aprovecho para leer.

Pese a que en mi día ideal disfruto de estar sola la mayor parte del tiempo, cuando Geoff, mi marido, llega de trabajar charlamos un par de horas, nos reímos de tonterías, leemos en el sofá, comemos chocolate negro y, si es fin de semana, compartimos una copa de vino. Me duermo y me despierto junto a él.

Por supuesto, no todos mis días son así, pero este ejercicio me dio varias pistas para lograr estar más cerca de mi ideal y construir una rutina que se ajustara a como mejor me siento.

1. **Identifiqué qué cambios inmediatos podía hacer:** modificar mis horarios y la estructura del traba-

jo; organizarme mejor la nevera; dejar preparada comida los domingos para ganar tiempo para mí entre semana y llevarme el *tupper* a la oficina; trabajar más desde casa para poder estar a solas sin distracciones; poner el móvil en silencio y no mirar los *emails* durante mis horas de productividad e incluir espacios de tiempo para desconectar del trabajo.

2. **Supe que, a largo plazo, mi trabajo tenía que encajar con el estilo de vida que yo quería.** Por ejemplo, los trabajos que requieren viajar mucho, los que son en turnos de tarde o aquellos que requieren demasiada interacción social no son ideales para mí.

Pero también he visto muchos casos de personas que, tras hacer este ejercicio, caen en la cuenta de que su vida y su rutina es bastante más ideal de lo que creen. Pero la sombra de la comparación con lo que hacen los demás, lo que se supone que «deberían» querer hacer, o expectativas impuestas por otras personas les impiden verlo y disfrutar de su vida tal y como es.

Si después de hacer este ejercicio te das cuenta de que este es tu caso, te sugiero que hagas la siguiente visualización.

OBSERVA TU VIDA

Cierra los ojos y acomódate en tu postura. Respira tranquilo y de forma natural. Viaja a tus momentos favoritos de un día normal en tu vida y rememóralos a través de esta meditación. Trae a tu corazón:

- El despertar con la primera luz del día, sintiendo el calor de las sábanas y la suavidad de tu almohada.
- Los primeros minutos de la mañana cuando la casa está en silencio y entera para ti.
- El olor a café y tostadas en la cocina.
- Los sonidos de la mañana: los besos de buenos días, la radio, conversaciones planeando el día.
- El momento en el que te sumerges por completo en tus tareas y el mundo desaparece.
- Pequeños oasis de descanso y risas a lo largo del día.
- El momento en que terminas tu trabajo y apagas la luz.
- Preparar la cena escuchando música relajante.
- La ducha caliente, el olor a jabón, tu toalla envolviéndote.
- Dejarte caer en el sofá y abandonarte a no hacer nada más de provecho por hoy.
- El instante antes de quedarte dormido en la cama, a punto de transportarte al mundo de los sueños.

Absorbe la belleza de estos momentos cotidianos y tráelos a tu meditación siempre que quieras.

El miedo a empezar algo nuevo

Hay personas que sí saben qué quieren y qué les gusta, pero tienen miedo a embarcarse en el proyecto de crear su propia vida. En ocasiones, para evitar tomar decisiones nos ahogamos en un mar de preguntas: ¿debería dar un paso en esta dirección o en esta otra? ¿Debería lanzarme a este nuevo proyecto de cabeza o esperar a que todos los astros se alineen? ¿Y si meto la pata?

Las respuestas a estas preguntas nunca van a estar claras. Nunca. Es más, no hay respuesta correcta ni incorrecta. No existe un manual de cómo no equivocarse viviendo y, sin embargo, seguimos esperándolo mientras pasa la vida y sentimos que el resto del mundo tiene las respuestas que a nosotros nos faltan.

En realidad, lo que necesitas no son respuestas. Es determinación y confianza en tu capacidad de actuar y de pivotar cuando percibes las señales de que es el momento para hacerlo. Confiar en que eres capaz de escuchar esas señales y actuar conforme a ellas, con consciencia y responsabilidad. **Cada uno de nosotros puede practicar la intuición y la valentía para dar pequeños pasos hacia aquello que sentimos como necesario.**

La intuición también puede entrenarse. **La filosofía taoísta dice que la intuición nace de la observación de la naturaleza y de nosotros mismos.** Prestando atención al curso de la vida —el Tao—, aprendemos a descifrar sus mensajes y a anticipar cuál va a ser la respuesta natural, lo siguiente que va a suceder.

Igualmente, practicar meditación fortalece la capacidad intuitiva, porque aprendemos a captar señales sutiles que nuestro organismo envía ante dilemas. Podemos *sentir* respuestas a un nivel muy profundo que añade información nueva y muy valiosa a la que ofrece la mente. Cuando combinas tu mente con tu intuición, el siguiente paso para dar queda claro.

MEDITACIÓN PARA LEER TUS SEÑALES

- Cuando te encuentres ante un dilema o una decisión importante que debas tomar, cierra los ojos unos momentos. En vez de buscar respuestas con tu mente, presta atención a tus sensaciones físicas en el cuerpo. Siente tu corazón, tu pulso, tu respiración, tu estómago, la posición de tus manos y las sensaciones que aparezcan.

- Después, lleva esa pregunta a tu corazón. Observa si tu cuerpo responde con expansión o contracción. Nota qué percibes dentro de ti cuando depositas una opción o la alternativa, si sientes rechazo, bloqueo o que la energía te inunda.

- Quédate unos minutos escuchando el eco de la pregunta en tu pecho y notando las señales que tu cuerpo te envía.

- Después, abre los ojos y dedica unos minutos para anotar en tu cuaderno todo lo que has sentido. Ahora ya sí, puedes tratar de buscar significado a esas sensaciones, interpretarlas, convertirlas en frases que han nacido de dentro y tomar la decisión que debas tomar.

Los descalabros de la vida

Uno de los talleres que intentamos organizar con Crave for Crafts (y que, por desgracia, no pudimos llevar a cabo) fue el de creación de mosaicos con piezas de cerámica rotas.

Imogen, mi socia, había transformado la superficie de una mesa auxiliar vieja en un mosaico construido con trocitos de azulejos y piezas de cerámica inservibles. Además, era un proceso muy terapéutico el de terminar de destruir estas piezas viejas a martillazos y después recomponerlas en un diseño que daba una vida nueva a una superficie monda y lironda.

A partir de esta actividad, es posible hacer esta reflexión: **cuando una pieza se rompe, podemos llorar por la pérdida y tirarla a la basura. Ya no es lo que era. Ya no sirve. Pero también podemos reconstruir los añicos y darles una nueva vida. Convertirlos en una pieza diferente con una utilidad nueva.**

El *kintsugi,* el arte centenario de arreglar cerámica rota, transforma la pieza original en original de nuevo —quizás en verdaderamente original— realzando las fracturas con resina mezclada con polvo de oro, plata o platino.

La pieza restaurada vuelve a la vida con un aspecto que la hace única. Ya no volverá a ser la misma, ni querrá ser la misma, porque esas cicatrices le aportan singularidad y elevan su valor.

El descalabro y la mala suerte de la rotura crean las condiciones necesarias para que la belleza aflore en una nueva forma.

Te invito a que realices la siguiente reflexión para que observes cómo percibes los descalabros de tu vida.

FILOSOFÍA *KINTSUGI*

¿Cómo aplicar la filosofía *kintsugi* a una situación?

Recuerda alguna ruptura o descalabro que hayas vivido y reflexiona sobre cómo es tu percepción hoy sobre esa situación.

¿Has reconvertido tus piezas en un nuevo mosaico?

¿Qué ha aportado a tu vida esa fractura?

¿Tienes miedo a mostrar estas fracturas o has conseguido integrarlas como parte de tu experiencia?

....

....

....

....

....

....

....

Darle un respiro a tu mente

Nuestra mente está funcionando a todas horas, no para nunca ni se coge vacaciones. A veces desearíamos poder vaciarnos, dejar de pensar, pero entonces estaríamos en la cama de un hospital o bajo tierra. Pero sí podemos crear pequeños momentos a lo largo del día para dar un respiro a la mente. Estos instantes, aunque breves, son muy reparadores para nuestro sistema nervioso.

La mente por naturaleza siempre está activa, maquinando, anticipando y ensayando el futuro, recuperando el pasado, ansiando... Es como la superficie del mar, en la que siempre hay olas. A veces el mar se calma cuando el viento es suave, pero cuando cambia de dirección o sopla fuerte, vuelve a alzarse el oleaje. Lo mismo sucede en nuestra mente cuando aparecen estímulos.

Cuando tu mente se activa, tienes dos opciones para no hundirte en la marea. La primera es surfear sobre las olas de tus pensamientos hasta que llegues a la estabilidad de la orilla —es decir, mantenerte por encima de tus pensamientos sin que te traguen y hasta que se apacigüen—, convertirte en testigo de tu propia experiencia y mirarla desde fuera, desde la superficie, navegando sobre ella.

También puedes imaginar que eres el espectador de la película (tus pensamientos) que aparece en la pantalla. Tú no eres tu película, sino un mero espectador.

Volviendo al símil de la ola, también tienes la opción de bucear bajo ella. Cuanto más te adentras en las olas, menos movimiento existe. Si no has encontrado tu paz es porque quizás no te has sumergido lo suficiente y tu atención está siendo arrastrada por el oleaje, por el nerviosismo de la mente.

Cuando me sucede esto, utilizo ejercicios sencillos de meditación para poner mis pensamientos en modo avión, como los que te propongo a continuación. Es posible que cuando los realices experimentes efectos secundarios como un incremento de tu creatividad, tu productividad y tu bienestar general.

MEDITACIONES BREVES PARA SUAVIZAR LA MENTE

- Busca dentro de ti un lugar donde exista calma en estos momentos. Quizás la encuentras en tu espiración, al dejar salir el aire de ti y relajar tus hombros, o en la apertura de tu pecho cada vez que inspiras, o al escuchar el latido del corazón o en la temperatura de la habitación en la que te encuentras. Mantén tu atención en estas sensaciones durante unos minutos.

- Mira a lo lejos, a través de una ventana, con mirada desenfocada, sin fijarla en ningún punto concreto. Si aparecen pensamientos, no los evites, mantén tu mirada puesta en el horizonte, más allá de ti. Imagina que en ese horizonte los pensamientos se difuminan.

- Respira por la nariz y, sin forzar ni crear tensión, retén el aire un segundo o dos al final de tu inspiración y de tu espiración. Lleva tu atención a esos instantes de retención y observa el espacio que abren en tu mente. En esos momentos es casi imposible pensar.

- Después de un par de minutos haciendo pausas entre tu inspiración y espiración, regresa a tu respiración natural y toma nota de qué ha cambiado.
- En momentos de estrés, invoca momentos bonitos en tu vida, pues son tu arsenal de bienestar siempre que los requieras. Siente las sensaciones que estos momentos tan preciados te brindan al recordarlos. Deja que te llenen y que te sanen.
- Cierra los ojos e imagina que tu mente es un cielo despejado, como el de un día de verano. En el momento en el que aparezca una idea, deja que te acompañe y sigue quieto, sin creerte nada de lo que te cuenta ni intentar descifrarla.
- Imagina que esa idea no tiene carga emocional, que la vacías de contenido y se acaba convirtiendo en una nube blanca, o en pompas de jabón flotando en el aire. Continúa disfrutando de tu cielo de verano.
- Busca un objeto que tenga un significado especial para ti: una vela, una foto que te guste, un cristal que guardes… Colócalo delante de ti y centra tu atención en él. Comienza por observar sus características físicas: su forma, su color, su olor, etc.

- Después, contempla las características sutiles de ese objeto: qué sensación despierta en ti y qué energía te transmite.

- Cierra los ojos y mira la imagen mental que aparece en ese momento. No importa que no recuerdes todos los detalles de ese objeto. Sin crear tensión, mantén el foco en la imagen que aparece en tu mente y descansa en ella.

- Nuestras manos tienen el poder de serenarnos. Coloca una mano encima de la otra en el centro de tu pecho. Siente que te acompañas, como si te reunieras contigo y con la experiencia de este momento. Respira en ese lugar bajo tus manos y quédate en él unos instantes.

Aunque quizá al principio solo puedas sentir descanso durante unos segundos, disfruta de las sensaciones que percibes cuando accedes a otras partes de tu mente y esta sale de las preocupaciones habituales. Estás sanando tu organismo al completo.

La conexión con tu espíritu: los tesoros de la filosofía oriental

La sabiduría de los cinco elementos del universo

En los textos más antiguos del hinduismo, los Vedas, se habla de que el ser humano está compuesto de los mismos elementos presentes en el resto del universo y dc que podemos descubrirnos observando el juego de estos dentro y fuera de nosotros.

Cuando nos observamos por dentro, podemos identificar en nosotros las cualidades de los cinco elementos que constituyen el universo: la tierra, el agua, el fuego, el aire y el espacio. Podemos vernos como una suma de partes que varía, que fluye, que no es rígida: contenemos todo lo que existe con la estabilidad y la firmeza de la tierra; la fluidez y la cohesión que ofrece el agua; la energía y la luz que proporciona el fuego; la movilidad que viene del aire y las oportunidades y posibilidades que ofrece el espacio.

¿Quieres conocerte? Observa el universo, la naturaleza, todo lo que te rodea. ¿Quieres conocer el universo, la naturaleza, lo que te rodea? Mira dentro de ti.

A través de la práctica del *mindfulness* podemos observar la interrelación y la dinámica entre los elementos del universo que nos habitan, ver cómo en ocasiones se desequilibran por exceso o por defecto y cómo la naturaleza tiende a recuperar el equilibrio perdido. Podemos aprender a autorregularnos identificando qué cualidades están presentes en exceso o de cuáles carecemos y realizar prácticas para recalibrarnos.

Cuando comprendemos la relación que existe entre nuestros elementos, los identificamos en nuestro ser y meditamos inspirados por sus cualidades, atraemos para nosotros esas propiedades. Nuestra

energía se eleva y trascendemos lo meramente material.

LA TIERRA

¿Te acuerdas de cuando eras pequeño y recibías una noticia triste o te sentías inseguro? ¿Recuerdas cómo el cuerpo te pedía acurrucarte en el suelo? Es difícil llorar de pie. **Instintivamente, buscamos la tierra no solo cuando necesitamos descanso, sino también cuando necesitamos cobijo, apoyo, sustento.** La tierra nos recoge cuando caemos.

Al ser el elemento más denso y pesado de todos, la tierra materializa las cualidades de la estabilidad y la firmeza. Representa lo que podemos agarrar; también los límites físicos que podemos y debemos marcar. Además, es el elemento de contención de los demás elementos: crea recipientes, suelos y paredes.

De niña solían decirme que tenía la cabeza en las nubes, que vivía en un mundo de fantasía e imaginación que existía solo en mi mente. El remedio era sentar la cabeza, poner los pies en la tierra. Al parecer, para vivir feliz y plenamente era mejor habitar el mundo de lo práctico, de la realidad tangible, que el de los sueños y las ilusiones inalcanzables. En verdad, en el equilibrio entre ambos mundos está la virtud.

Cuando olvidamos contactar con el elemento de la tierra, corremos el riesgo de vivir demasiado en nuestra cabeza. Los síntomas de esta carencia de tierra son el miedo al futuro, los remordimientos por el pasado, la inseguridad creada por nuestras proyecciones mentales y la falta de presencia en cada momento. Cuando estás nervioso, ¿no te pasa que no puedes quedarte quieto y te sientes volátil? **En esos instantes, lo que más necesitamos es contactar con la cualidad de la densidad, el peso que nos ancla a la tierra, y abandonarnos a ella. Necesitamos que la tierra nos recoja y nos contenga.**

Por el contrario, demasiado arraigo a la tierra genera un apego excesivo al mundo material y al de la apariencia física. Nos estancamos en lo conocido, en lo palpable, y nos resistimos a explorar nuevos caminos. El exceso del elemento tierra produce una ilusión de estabilidad que se basa en el acopio de posesiones materiales ante el miedo a perder lo que tenemos. Nos impide fluir.

A continuación, encontrarás varias formas de entrar en contacto con el elemento de la tierra cuando lo necesites.

ENRAÍZATE EN LA TIERRA

Camina descalzo en la arena y siéntela bajo los pies.

Lleva pequeñas piedras o cristales cerca de ti. Míralos y tócalos a menudo. En mi monedero, siempre hay alguna piedra que, cada vez que voy a pagar algo, me recuerda si necesito o no eso que voy a comprar. Gracias a eso, muchas veces me he echado atrás en el último momento al rememorar la importancia de no acumular cosas materiales para poder sentirme ligera y libre.

Inhala aceites esenciales que provengan de árboles como el sándalo, el abeto o la raíz de vetiver, que evocan sensaciones de enraizamiento.

Y, por supuesto, siéntate unos minutos a meditar. Asiéntate en la tierra en una postura que te resulte cómoda (utiliza respaldos o cojines si es necesario). Conecta la base de tu sustento —tu columna— con el suelo y siente tu peso descender. Puedes colocar las manos sobre tus rodillas o muslos para sentirlo aún más. Imagina que desde tus pies y caderas nacen raíces que te sujetan al suelo. Siente la gravedad atrayéndote a la tierra, recogiéndote, llevándote de vuelta a casa como un imán. Quédate unos minutos en silencio dejando que la gravedad surta su efecto terapéutico en ti.

EL AGUA

Por la variedad de estados en los que se manifiesta en la naturaleza, el agua se relaciona con el reino de las emociones. El agua es el mar en calma, el océano que ruge, el manantial que fluye tranquilo, las nubes que surcan los cielos y la lluvia que limpia, refresca y nutre a los seres vivos.

Con ayuda de los otros elementos, el agua pasa de la fluidez en su estado líquido a la dureza en su estado sólido y a la volatilidad en su estado gaseoso. Lo mismo sucede en nosotros: nos congelamos y nos endurecemos cuando nos falta el calor del sol; sin viento, nos estancamos, y cuando falta tierra, somos incontenibles y nos desperdiciamos, nos disipamos.

Por el contrario, con un exceso de calor, hervimos por dentro y la rabia nos vence; con demasiado viento, nos sentimos turbulentos, descontrolados y con excedente de tierra, nos convertimos en barro pesado y pegajoso.

El elemento del agua se manifiesta en nuestra capacidad de adaptarnos a las circunstancias y fluir con ellas. En esa cualidad se inspiró el maestro de artes marciales Bruce Lee cuando pronunció la emblemática frase «Be water, my friend» (Sé agua, amigo mío).

Siempre que necesites adaptarte a una situación, haz tuyas las características del agua con esta meditación.

FLUYE CON EL AGUA

Cierra los ojos. Haz un par de respiraciones profundas. Mira dentro de ti.

Observa dónde se dirige tu atención. Quizás hacia tu respiración, al latido del corazón, a un pensamiento que cruza tu mente en esos momentos, a una sensación física o a una emoción. Contempla de cerca eso que ha captado tu atención y quédate ahí varios segundos.

Nota cómo, pasados unos instantes, esa sensación se transforma, se mueve o se disuelve. Mira ahora cómo emergen otras sensaciones y después desaparecen, como las olas del mar.

Observa el movimiento que se produce dentro de ti, el fluir de la experiencia. Todo se mueve. Ningún pensamiento, sensación o emoción es estática. Somos puro cambio y nuestra experiencia es dinámica por naturaleza.

Este es el aprendizaje último que nos recuerda las cualidades del agua.

Solo necesitamos volver a experimentarlo cuando lo olvidamos.

EL FUEGO

¿Qué sucede cuando mezclamos agua y tierra y cocemos esa masa en el fuego? Que la arcilla toma forma y se convierte en un objeto sólido y duradero que puede servir para un propósito: una vasija, un jarrón, un plato...

Ese es uno de los efectos del fuego en nosotros: en el fuego interno se forja la fortaleza, la disciplina y la determinación. Es la chispa que nos pone en movimiento hacia nuestro propósito, es la fuerza de voluntad que transforma la intención en acción.

El fuego crea el calor y la luz necesarias para que se produzca la vida. De este modo, nuestras células producen vitamina D a partir de la luz del sol que fortifica nuestros huesos y nuestra salud mental.

Además, el fuego, avivado por el aire —ese impulso de movernos hacia delante—, destruye lo que conocemos y las cenizas nutren el terreno para plantar nuevas semillas.

De la misma manera que los agricultores quemaban los rastrojos para eliminar las malas hierbas y para que los nuevos cultivos tuvieran más posibilidades de prosperar, nosotros podemos reducir a cenizas nuestros viejos hábitos y condicionamientos y cons-

truir sobre ellos una nueva orientación de vida gracias a la llama de la determinación.

Asimismo, el fuego es el elemento de la transformación, por eso los yoguis lo identificaron en el cuerpo humano en el sistema digestivo, que convierte los alimentos y el agua en energía.

Otra cualidad del fuego es la de crear hogar o comunidad allí donde está presente. De hecho, *hogar* y *hoguera* comparten el mismo origen, proveniente de la palabra latina *focus.* En las casas antiguas, la familia se congregaba alrededor de la chimenea o de la cocina. El fuego nos invita a sentarnos alrededor en círculo, a compartir comida e historias mientras nos hipnotizamos viendo cómo las llamas engullen la madera seca.

Si sientes carencia de fuego en tu vida, acércate a tus seres queridos, sal al aire libre y siente el sol sobre tu piel, eleva tu motivación recordando tu propósito y tus valores, elimina o transforma los rastrojos que ya no te sirven y aliméntate bien.

Si te apetece invocar las cualidades del fuego en tu vida, te invito a que hagas esta práctica.

ILUMÍNATE CON EL FUEGO

En muchas prácticas espirituales la llama de una vela representa la luz interna que guía y conduce a la iluminación.

Visualiza la llama de una vela en el centro de tu pecho. Una llama tenue pero continua.

Esa llama vive dentro de ti y siempre está encendida.

Cuando es de noche, te ilumina.

Cuando te pierdes, te orienta.

Cuando sientes frío, te da calor.

Siempre está ahí, inquebrantable, aunque fuera haya tormentas de nieve.

Visualiza tu llama y, como si estuvieras en el cuarto de estar de tu existencia, siéntate junto a ella. Quédate ahí unos momentos, con los ojos cerrados pero la mirada interna en ella.

¿En qué partes de tu vida puedes aplicar las diferentes cualidades del fuego (calor, luz, transformación, destrucción…)?

Escríbelas a continuación.

....

....

....

....

....

....

....

....

....

....

....

EL AIRE

De los cuatro elementos clásicos del universo —tierra, agua, fuego y aire—, el aire es el más sutil de todos, representa lo que no se ve ni se palpa, pero se siente. Sin embargo, aunque no tenga consistencia material, percibimos sus diversas texturas y cualidades. Sentimos la diferencia entre el aire puro de las montañas, la brisa marina o el ambiente de una habitación que lleva cerrada mucho tiempo.

Aire y espíritu van de la mano. En griego antiguo, *pneuma* era tanto «aire» como «espíritu» y «alma». En latín, *spirare* (soplar) y *spiritus* (espíritu) comparten la misma raíz, que significa «soplo» o «aliento». Así, la primera inspiración es el primer gesto de vida autónoma fuera del vientre de nuestra madre, el primer aliento donde nos llenamos del espíritu que nos acompañará en el camino hasta la última espiración, cuando regresemos a la tierra.

Como sucede con el espíritu, notamos el aire por su efecto sobre el resto de los elementos: sobre las hojas de los árboles, sobre el agua en el océano, sobre la llama de una vela, sobre nuestra piel y más allá, en las profundidades de nuestro ser.

La cualidad predominante del aire es la de la movilidad, entra y sale, crea corrientes y ocupa todo

el espacio que existe. **Aunque no podamos verlo, capturarlo o rodearlo, su existencia es innegable, permanente y a la vez cambiante.** Es incontenible, invisible, potente.

De igual forma que sin él, en cuestión de segundos, desaparecería la vida en el planeta tal y como la conocemos, también puede destruirlo todo cuando sopla con furia, hace el agua rugir y transforma una chispa en llamas. El aire, como el espíritu, dota de potencia al resto de los elementos.

El aire infunde vida a aquel que quiere recibirla. Y no discrimina. La molécula de oxígeno que ahora viaja dentro de tus pulmones bailaba hace unos segundos en el cuerpo de otro ser vivo. Tus células reciclan ese oxígeno y lo convierten en dióxido de carbono, que captarán las plantas y los árboles —la tierra— y lo transformarán mediante el agua y la luz del sol —fuego— otra vez en oxígeno —aire—, que volverá a dar vida a otros seres vivos.

El aire conecta todo lo que existe en un entramado que se mece y baila. Igual que el espíritu, el aire cierra el ciclo infinito que lo une todo y nos une al todo.

Si quieres dejarte inspirar por el aire, te invito a que hagas este ejercicio de *mindfulness* en un instante.

INSPIRA E INSPÍRATE

Utiliza el aire como foco de atención y concentración durante cinco minutos.

Cierra los ojos.

Siente la cualidad del aire que te rodea en estos momentos.

Siente cómo bordea la frontera de tu cuerpo.

Si estás al aire libre, notarás cómo mueve tu pelo y cómo roza tu piel. Sigue la trayectoria que lleva, de dónde viene y adónde va. Aprecia si es seco o trae olor a lluvia.

Si estás en una habitación cerrada, presta atención a las cualidades que percibes en estos momentos. ¿Qué olores transporta?, ¿qué temperatura tiene?, ¿qué densidad?

Siente también las cualidades del aire cuando entra a través de tus fosas nasales y cuando abandona tu cuerpo.

Presta atención a las diferentes sensaciones que produce en ti a lo largo de su recorrido, cómo expande tu cuerpo cuando entra y cómo lo vacía cuando lo abandona.

Experimenta haciendo tus inspiraciones más largas que las espiraciones, y viceversa, para sentir cómo tu energía se transforma. Después, regresa al equilibrio.

¿Ha cambiado algo dentro de ti después de haber prestado atención al elemento del aire durante estos cinco minutos? ¿Qué diferencias notas? Escribe tus reflexiones.

....

....

....

....

....

....

....

....

Continúa prestando atención a cómo percibes el aire a lo largo del día.

EL ESPACIO

¡Qué necesario es cultivar el espacio, el vacío! Cuando tenemos espacio en casa, podemos recolocar los muebles, buscarles nuevas posibilidades y explorar alternativas para transformar una estancia o dar vida a un viejo rincón.

De igual modo, cuando cultivamos espacio en nosotros podemos reorganizar las piezas que nos componen, ver las que encajan y las que han pasado de moda, podemos expandir nuestras ideas, dar amplitud a nuestros sueños. Cuando hay sitio suficiente, todas las posibilidades son factibles.

Pero el espacio también proporciona otro tipo de abundancia: la de la claridad. Es muy difícil crear cuando tenemos demasiados trastos alrededor y la cabeza abarrotada de pensamientos. Es difícil crear porque es difícil ver.

Pero allí donde hay espacio, la luz pasa sin problemas. Es esta la razón por la que es importante acondicionar la mente para que pueda recibir mensajes nuevos. Para lograrlo, es recomendable meditar, escribir, digerir y vaciarnos de todo lo que ocupa un lugar innecesario.

Sin ese vacío no podemos escuchar.

Si no podemos escuchar, no podemos recibir señales y nueva información, no podemos aprender ni intuir, no podemos crecer.

De hecho, como veremos en el siguiente capítulo, la falta de claridad es fuente de sufrimiento en la filosofía del yoga.

Con la claridad de la información que recibimos, podemos diseñar con luminosidad nuestra vida, nuestro mensaje, nuestro ofrecimiento al mundo, nuestra visión de futuro.

Para poder explorar las infinitas posibilidades del espacio, te sugiero que realices la siguiente contemplación.

DESCANSA EN EL ESPACIO

Cierra los ojos y concéntrate en un punto de tu cuerpo donde no sientas nada, por ejemplo, el lóbulo de la oreja o un dedo del pie. Posa tu atención en ese lugar neutral.

Inspira y espira de forma natural, pero manteniendo tu concentración en ese lugar.

Observa cómo desde esa nada empieza a emerger una sensación de paz, de descanso.

Si tu atención se evade, no hay problema. En el momento en el que te des cuenta de que te has distraído, vuelve a centrarte en ese punto neutral de tu cuerpo.

Sin crítica ni decepción, sino con compasión, vuelve a ti.

Siente todo lo que emerge en ese espacio de esa ausencia de sensaciones.

Recuerda, el espacio es fuente de creatividad. En él están tus posibilidades, y en tus posibilidades descubrirás todas tus respuestas.

Las cinco causas del sufrimiento humano

¿Por qué una mente clara es una mente sana? El segundo libro de los Yoga Sutras, los textos fundacionales del yoga escritos por Patanjali hace unos dos mil años, comienza explicando las cinco causas del sufrimiento humano.

En sánscrito, estas aflicciones se llaman *kleshas*, palabra que también se traduce como *velo*. Estos velos nos impiden discernir la verdad o la distorsionan, y también pueden hacer que no diferenciemos lo esencial de lo accesorio. En definitiva, los *kleshas* nos alejan de la claridad provocando sufrimiento interior.

Tanto los Yoga Sutras como Buda coinciden en que la especie humana está expuesta a cinco obstáculos que le impiden vivir una vida plena, liberada de tormentos: la ignorancia, el ego, los apegos, las aversiones y el miedo a la muerte.

Estos tormentos, que fueron descritos e identificados hace varios milenios, siguen siendo la raíz de nuestras penas hoy en día. Llevan con nosotros desde el comienzo de la civilización, ya que son inherentes a la condición humana. Sin embargo, hoy seguimos teniendo la misma dificultad para superarlos. Personalmente, estas enseñanzas orientales me han ayudado a entender un poco mejor el origen de mis problemas y la mejor forma de afrontarlos.

Los padecimientos que nos atormentan no son otra cosa que productos de nuestra mente —pensamientos— y, como tales, su naturaleza es el vacío. No tienen consistencia material.

Los *kleshas* pueden manifestarse de diferentes maneras: explícitamente en nuestro comportamiento —vemos cómo nos atrapan—; enterrados en el subconsciente —pueden salir a la superficie si se producen ciertas condiciones—; escondidos bajo capas de control obsesivo o atenuado. En ninguno de estos casos el sufrimiento está resuelto del todo.

Déjame que te adelante que, **para poder superar estos obstáculos que nos impiden vivir gozosamente, primero tenemos que reconocerlos, detectarlos y ser conscientes de que están ahí.** Después, debemos observar en qué forma e intensidad se manifiestan en cada uno de nosotros. Por último, conviene transformar nuestra relación con estas causas del sufrimiento para que pierdan su potencia y, finalmente, desaparezca su efecto sobre nosotros.

Empecemos por identificar las cinco razones de nuestro dolor.

LA IGNORANCIA

De todas las causas del sufrimiento, la ignorancia *(avidya)* es la primera y la más importante por ser caldo de cultivo de las otras cuatro. A lo mejor pensabas, como yo, que el primer tormento del alma iba a ser la violencia, la maldad o la envidia. No, la primera fuente de nuestras penas es mucho más sutil, pero es la más insidiosa, como diría Buda.

La ignorancia no es la falta de conocimiento o de educación formal; es no saber quién somos de verdad, en nuestra más pura esencia, y no querer descubrirlo. Ignorar es conformarnos con vivir en la superficie sin ahondar en nuestras capas más profundas y desconocer nuestra capacidad ilimitada para amar, para dar y recibir, para albergar.

Pero ¿cuál es nuestra verdadera esencia? Es esa parte que muchas veces olvidamos, pero que lleva guiándonos desde que tenemos uso de razón. La consciencia es esa parte de nosotros que experimenta lo que sucede momento a momento, que llena de contenido nuestra vida, que sabe. Siempre sabe.

Nuestra mente interpreta y da significado a lo que percibe a través de los sentidos. Pero es un significado condicionado a experiencias pasadas, a aprendizajes que vamos recibiendo, a la fisiología que tenemos en ese momento. Como *coach,* guío a personas para que descubran cómo cambiar el enfoque y significado de su realidad para vivir con esperanza y dejar atrás lo que ya no es útil en su vida. Utilizamos la mente para transformar la propia mente. Tenemos suerte de que el cerebro sea un órgano moldeable.

Pero **es la consciencia la que nos permite darnos cuenta de nosotros mismos, de lo que sucede dentro y fuera, de sentir la realidad más pura, antes de que el cerebro saque conclusiones.** Es nuestra esencia y, si me preguntas, vive dentro del corazón.

Cuando eras pequeño y tus habilidades cognitivas no estaban del todo formadas, tus ojos estaban abiertos al mundo. Te reías por tonterías y disfrutabas con muy poco. Una cuchara o un sonajero te entretenían durante horas. No albergabas rencor o rabia y dabas sin esperar nada a cambio. Tu cuerpo era un cauce abierto para expresar tus emociones. Pasaban por ti, pero no se quedaban, sino que fluían y, al final del día, caías rendido, sintiéndote protegido y en paz. Esa parte de ti sigue contigo; siempre estuvo, está y te acompañará siempre.

Cuando entramos en contacto con nuestra consciencia a través de experiencias meditativas profun-

das, cuando recordamos quiénes éramos y nos reencontramos con nosotros mismos, se produce un estado de felicidad serena, de paz, de ausencia de conflicto interno, aunque solo sea por unos instantes. Ahí no existen velos ni distorsiones, sentimos que nos bañamos en una realidad pura.

Para llevarnos esta paz, necesitamos emprender el viaje de vuelta a casa a diario a través del autoconocimiento, es decir, comprendiendo cuál es el papel, las limitaciones y las posibilidades de la mente, aprendiendo a cuidar de nuestro cuerpo y contactando con nuestra consciencia a través de la meditación. Solo así venceremos las limitaciones que la ignorancia nos impone. Solo así sentiremos en nosotros la realidad última, la verdad.

EL EGO

La siguiente causa de sufrimiento humano es identificarnos con lo que no somos realmente. Esta parte superficial e incompleta del yo en la que a veces nos perdemos es el ego *(asmita)*. El ego nos proporciona una identidad de yo que es diferente a ti. Nos permite apreciar la variedad de personalidades y cualidades que existen dentro de la raza humana. Pero el ego excesivo nos separa de quienes somos realmente y nos confunde. Nos hace creer que somos lo que tenemos o no tenemos, lo que hacemos o lo que pensamos. Como si eso fuera todo, como si eso fuera cierto.

Asmita nos desconecta de nosotros y de los demás y se manifiesta en egoísmo, envidia, racismo o autoestima demasiado alta o baja.

De acuerdo con la teoría del *big bang,* todo lo que existe proviene de la misma explosión universal, del mismo origen. Por lo tanto, todo ser vivo o inerte es una forma diferente de una misma esencia que lleva existiendo desde siempre y que permanecerá hasta la eternidad.

Pero, en algún momento, los seres humanos olvidamos que todos somos parte de lo mismo, venimos de lo mismo, somos lo mismo y buscamos lo mismo: amar y ser amados. En este olvido, que provoca separación, se origina el sufrimiento del ego.

De niños no entendemos de colores, razas ni nacionalidades. Aunque cada uno tengamos una personalidad diferente, jugamos y compartimos juntos de forma natural. En ese periodo todos buscamos cariño y somos felices cuando nos sentimos queridos.

Más adelante, en la adolescencia es cuando empezamos a olvidar quiénes éramos cuando vinimos al

mundo y empezamos a adoptar identidades que muchas veces no son auténticas para encajar en el entorno.

Es algo natural el hecho de que, para vivir en sociedad, adaptemos nuestra forma de ser al grupo en el que nos encontramos. El problema surge cuando, en este proceso de unirnos a los demás, nos separamos de nosotros mismos. Entonces olvidamos quiénes somos en esencia, rechazamos nuestras singularidades y nos identificamos con creencias o con partes de nosotros que hemos asumido como ciertas y que quizás no nos representan enteramente.

Cuando damos más importancia a las creencias de la mente que a la brújula del corazón, sufrimos. Como hemos visto, el camino espiritual nos invita a descubrir nuestra identidad más pura y nuestro espíritu para conectarnos de nuevo con nuestro origen y con los demás.

Puedes empezar a recorrer esta senda tomando conciencia de las ideas que tienes sobre ti mismo con el siguiente ejercicio.

DEFÍNETE

Escribe cómo te defines. Anota lo primero que te venga a la mente sin filtros, sin pararte a analizar tus palabras.

....

....

....

....

....

....

....

....

....

....

Lee lo que has escrito.

Observa si has mencionado principalmente lo que haces, más que quién eres; si a tu mente han venido voces de personas en el pasado diciéndote lo que eres; si te has sorprendido de lo que has escrito; si te has dado cuenta de que te defines comparándote con los demás; si al releerte, tus palabras suenan ciertas, exageradas o si te infravaloras…

Sin juzgarte, simplemente presta atención a las ideas que te has formado de ti mismo.

No te identifiques con ellas; al fin y al cabo, son solo percepciones, ilusiones de la mente.

Cierra los ojos e imagina que te deshaces, una a una, de esas frases que no te representan, de esas palabras que salieron de boca de otras personas y no de tu corazón, de eso que en el fondo sabes que no eres, porque eres mucho más que eso.

Desnúdate de todo hasta que quedes solo tú con tu capacidad de sentir, de amar, de escuchar, de aprender, de cuidar, de disfrutar…

Este es el espacio que abre tu consciencia, donde eres simplemente tú, y eso es más que suficiente.

LOS APEGOS Y LAS AVERSIONES

Otros dos obstáculos para vivir libres son los apegos y el deseo excesivo *(raga)*, y la aversión hacia las cosas que no nos gustan *(dvesha)*. *Raga* implica querer que siempre suceda lo que nos complace, que nuestros deseos se cumplan y sufrir cuando no sucede. Esto se manifiesta en la codicia, el exceso y las adicciones. Por el contrario, *dvesha* implica rechazo a situaciones, personas y partes de nosotros mismos, y se manifiesta en el odio, los prejuicios y la rabia.

Ambos son las caras de la misma moneda: querer que suceda lo que nos gusta —*raga*—, querer que no suceda lo que no nos gusta —*dvesha*— y sufrir cuando la vida no está de nuestra parte.

Es natural tener preferencias: todos preferimos que la vida transcurra como nos gusta. El deseo es una fuente de motivación muy potente. Luchar por lo que queremos y lo que nos importa mueve el mundo. Igualmente, tomar medidas para evitar ponernos en situaciones peligrosas, hacernos daño y sufrir es un acto de madurez.

El problema sucede cuando nos obsesionamos con lo que queremos o no queremos y nos hundimos cuando el universo sigue su curso. La vida, al

fin y al cabo, es como un menú degustación en el que vamos a saborear de todo y es precisamente en esta variedad donde reside la riqueza de la experiencia, las enseñanzas más profundas y donde desarrollamos cualidades importantes para el viaje como la paciencia, la fortaleza interna y la confianza en uno mismo para salir adelante.

Todos hemos experimentado en mayor o menor medida este sufrimiento provocado por nuestros apegos y rechazos. Para mitigarlos es primordial descubrir qué se encuentra exactamente detrás del objeto del deseo y de la aversión.

A menudo pensamos que lo que anhelamos o rechazamos es un puesto de trabajo, una persona, controlar el comportamiento de los demás, etc., porque creemos que así alcanzaremos el éxito, el amor o la paz que todos ansiamos.

Tendemos a pensar que, si sucede o no sucede tal cosa, la consecuencia será que viviremos felices, tranquilos o liberados. Pero lo que estamos haciendo es imponer una condición a nuestra dicha. Que esta condición se cumpla escapa a menudo a nuestra voluntad o, si tenemos la suerte de que se dé, puede ser que en el futuro desaparezca y nuestra felicidad con ella.

En realidad, *raga* y *dvesha* nos cierran a la experiencia de vivir, de crecer, de descubrir matices en todos los colores de la vida.

Para tener una vida plena, necesitamos abrirnos a una experiencia plena.

En definitiva, nuestro fin último debería ser experimentar esta liberación, felicidad y cariño sin condiciones. Podemos aprender a cultivar estos sentimientos desde dentro y que así nos acompañen siempre. Cuando la vida nos es favorable y cuando no.

Te sugiero que realices este ejercicio de autoobservación con efectos tangibles.

BIENESTAR SIN CONDICIONES

Toma nota mental (sin juicios, ya sabes) de cada vez que te escuches poner una condición a tu serenidad, tu calma, tu alegría, etc.

Por ejemplo: «Cuando encuentre una casa, podré sentirme yo mismo»; «Cuando mi jefe me suba el sueldo, me sentiré motivado para continuar»; «Mientras no pierda mi trabajo, estoy tranquilo», «Cuando encuentre mi mujer ideal seré feliz».

Obsérvate con cariño e imagina que te deshaces de esa condición por unos momentos. Repítete ese estado que deseas alcanzar para tus adentros, sin poner ninguna condición detrás. Imagina que esas sensaciones te invadieran como si se hubiera cumplido la condición, y siéntelas dentro de ti, hazlas palpables en tu ser.

Quédate unos momentos nutriéndote de este estado sin condiciones que has creado por ti mismo.

Si de momento te cuesta creer que tu bienestar sin condiciones es posible, recuerda que estás entrenándote a ti mismo para liberarte. Continúa practicando este ejercicio a menudo.

Personalmente también me ayuda recordarme que el dolor es parte de la vida, pero el sufrimiento siempre es opcional. La profesora budista Sharon Salzberg explicaba que **el sufrimiento es el dolor más el añadido que le echamos nosotros con nuestra mente.**

Dentro de nosotros tenemos la capacidad de procesar el dolor (o de pedir ayuda profesional si lo necesitamos), de digerirlo, sanarlo y transformarlo. El sufrimiento es nuestra contribución personal a través del autocastigo, la culpabilidad, el recordatorio incesante…

Pero, como veíamos anteriormente, tenemos la suerte de poseer un cerebro maleable. Podemos replantear situaciones a nuestro favor para no añadir leña innecesaria al fuego o, si esto es muy difícil, al menos sacar una enseñanza que nos acompañe el resto de nuestra vida.

El sufrimiento nos tortura enredándonos en bucles que nos impiden ver atisbos de luz en la situación. Pero el dolor es una llamada de atención en la vida, para recordarnos lo que es verdaderamente importante y debemos cuidar.

LO QUE SE ESCONDE TRAS EL DESEO Y LA AVERSIÓN

Cuando sientas un impulso de deseo o aversión, para un minuto y, antes de reaccionar, toma tres respiraciones profundas.

Entra en tu cuerpo, siente, ve y escucha qué está sucediendo dentro.

¿Cómo se manifiesta ese deseo o aversión en ti? No intentes cambiar nada, observa lo que es, tal y como es.

Después ve a las profundidades, indaga: ¿dónde está su origen? ¿Qué más hay detrás de ese deseo? ¿Qué es lo que busco de verdad? No te quedes en la mera superficie, explora la raíz de ese impulso.

Como en el ejercicio anterior, piensa en cómo te sentirías si ese deseo se cumpliera.

Atrapa esas sensaciones, siéntelas dentro de ti y hazlas tuyas. Deja que emerjan desde tu corazón hacia afuera. Quizá encuentres confianza, seguridad, amor, cariño…

Observa cómo esos sentimientos y sensaciones los creas tú también desde dentro y son independientes de circunstancias externas.

Lo que buscas existe en ti.

***Raga* y *dvesha* se revelan también en aquello de lo que presumimos y de lo que nos avergonzamos.** Nos fragmentan en partes: las que nos gustan y las que no. Por eso, estas aflicciones son la continuación de *avidya* (la ignorancia de quiénes somos) y *asmita* (creer que somos lo que no somos).

La aceptación es el mayor acto de compasión que podemos hacer por nosotros y por los demás. A través de la aceptación, recogemos todas nuestras piezas y volvemos a unirnos, nos abrazamos.

Puedes poner en práctica esta sensación de unión con la siguiente meditación.

MEDITACIÓN PARA RECOMPONER NUESTRAS PIEZAS

Observa si eres capaz de reconocer:

- La parte de ti que sigue siendo el niño de cinco o seis años.
- La parte de ti que busca aventuras y tiene curiosidad por descubrir el mundo.
- La parte de ti que busca quedarse en su rincón, tranquilo, en su mundo.
- La parte de ti que tiene miedo a sentirse solo.
- La parte de ti que busca cariño y consuelo.
- La parte de ti que quiere cuidar de otros.
- La parte de ti que refleja tu herencia materna.
- Aquella donde encuentras a tus antecesores paternos.
- La parte de ti que busca conseguir lo que quiere.
- La parte de ti que perdona.
- Tu parte más femenina, la que sabe cómo cuidar de ti y ampararte.
- Tu parte más masculina, la que sabe cómo ponerte en movimiento.
- Y cualquier otra parte con la que te identifiques.

Todas ellas te componen y hacen de ti quien tú eres. Todas tienen su espacio y su razón de estar ahí. Algunas

están en tu ADN, otras son nuevas. Algunas te gustan más y otras menos. Recógelas y tráelas de vuelta a tu corazón.

Si ves que alguna de las partes predomina, piensa a cuáles debes prestar más atención, cultivar y cuidar mejor.

Integrando todo lo que eres, te reconcilias contigo mismo.

Puedes cerrar los ojos y visualizar que traes todas tus piezas al centro de tu corazón. Ahí, todas ellas encajan.

Y ahí, en el centro de tu corazón, permite que la niña se refugie en su abuela; que el padre abrace a la madre; que la parte de ti que busca salir y comerse el mundo se reencuentre con la parte de ti que busca cobijo y refugio; que tus errores se integren con tus logros y que las partes que pertenecen a tu pasado hagan las paces con los sueños y esperanzas de tu futuro.

En definitiva, que todo conecte y encaje aquí, ahora.

Todas las piezas tienen cabida en tu corazón. Acógelas con cariño. No dejes ninguna fuera.

EL MIEDO A LA MUERTE

Por último, **el quinto obstáculo para vivir una vida plena es el miedo a la muerte *(abhinivesha).*** Este término se traduce literalmente como miedo a la pérdida del cuerpo físico.

Pero podemos extender este temor a otros ámbitos: a la pérdida de lo material, a que las cosas dejen de existir tal y como las conocemos, a encontrarnos con lo desconocido, a deshacernos de viejas capas y descubrir nuevas realidades, a perder la identidad que nos hemos montado…

> Detrás del miedo a morir está la falta de aceptación de la esencia de la vida: su temporalidad.

Pero la propia temporalidad de cada momento nos alimenta de esperanza, de ilusión, de curiosidad. Saber que las cosas no solo pueden cambiar, sino que lo harán, nos ayuda a vivir. De otro modo, estaríamos condenados a una identidad fija desde que venimos al mundo.

Querer que todo sea para siempre tal y como lo conocemos cierra las puertas a nuevos horizontes, a sorprendernos. Nuestra mente primitiva percibe el cambio como una amenaza, pero la inexorable transformación que vivimos nos regala oportunidades para reinventarnos, y es necesaria para evolucionar.

Al ser la vida un tesoro efímero, podemos relativizar la importancia que damos a las cosas y aligerarnos cuanto antes de lo que nos pesa. ¡No tenemos tiempo que perder!

Ante el miedo a perder lo conocido, reivindica la curiosidad por descubrir qué vendrá después. Así es como puedes construir momento a momento una vida plena, libre de tormentos del alma y de enemigos del corazón.

Para aprender a dejar ir, practica la siguiente meditación inspirada en la postura del cadáver *(savasana)*.

MEDITACIÓN DEL DESAPEGO

Túmbate en el suelo en una postura cómoda y cierra los ojos.

Empieza por relajar el cráneo, la frente, el entrecejo, la mandíbula, los hombros, el pecho, los brazos, las manos, las piernas y los pies. Permite que tus manos y pies se abran naturalmente hacia los lados.

Relájate todo lo que puedas.

Respira de forma natural, pero sin hacer ruido.

No mantengas tu atención en nada concreto.

Si te viene un pensamiento a la cabeza, suéltalo, déjalo ir.

Si tienes un impulso para moverte, suéltalo, déjalo ir.

Todo lo que venga, suéltalo, déjalo ir. Libéralo.

Tu atención está puesta únicamente en dejar ir, en liberar, hasta que puedas dejar ir y liberar también tu atención.

En este momento, no te aferres a nada. Como una mota de polvo que se posa en tu abrigo y al segundo siguiente se la lleva el viento, que todo lo que venga a ti se pose en ti brevemente y el viento se lo lleve.

Continúa en ese estado hasta que todo lo que quede seas tú, tu respiración y tu consciencia, esa parte de ti que ve, siente, escucha y deja ir.

Otra vertiente sutil de *abhinivesha* es el exceso de melancolía. Cuando nos obsesionamos con lo que podemos perder, con lo que era antes y ya no es, nos perdemos lo que está sucediendo en el presente. Los momentos se nos escapan entre los dedos. Es bonito coleccionar recuerdos, mantenerlos cerca del corazón y volver a ellos para rememorar nuestra vida, pero sin convertirnos en prisioneros del tiempo.

Cuando vivimos en el pasado, nos perdemos la oportunidad de construir el futuro que queremos, momento a momento.

El equilibrio entre acción, conocimiento y devoción

El *Bhagavad Gita* es un texto sagrado en la literatura hinduista y fue escrito entre el siglo II y el III a. C. En esta obra, Krishna, una de las encarnaciones del dios Vishnu, guía al guerrero Arjuna sobre cómo actuar ante los grandes dilemas de la vida. Las enseñanzas de esta obra son cruciales para los amantes del yoga y me han inspirado desde el día en que las conocí.

Cuando empezamos a practicar yoga, muchos creemos que se trata únicamente de coordinar el movimiento y la respiración o que es una técnica para relajarnos y eliminar las fluctuaciones de la mente. Pero en el *Gita*, Krishna va mucho más allá y define los tres enfoques a través de los que también practicas yoga fuera del *mat*:

1. **La acción desinteresada y sin apego a resultados concretos es yoga.** Cuando estamos paralizados por la duda, debemos escucharnos por dentro y discernir cuál es nuestra llamada en el mundo —con lo que cada uno de nosotros hemos venido a contribuir en esta vida—, lo que se conoce como *dharma*. Y, después, debemos cumplir nuestro deber con todo nuestro ser, pero dejando ir los frutos de nuestras acciones para no caer en la obsesión o en la frustración. Así evitaremos apegarnos en exceso *(raga)* o sufrir por un resultado diferente al esperado *(dvesha)*. El mensaje que envía Krishna es que antes de actuar tenemos que escucharnos y estabilizar nuestra mente a través de la meditación.
2. **El yoga también es un arte de conocimiento y autoconocimiento.** Cada vez que te dedicas tiempo para conocer algo nuevo sobre ti o para formar-

te sobre el mundo, sobre tu trabajo, sobre aquello que te interesa y que para ti es importante, estás practicando la filosofía del yoga. La formación en lo que te apasiona y el autoconocimiento deben ser actividades de por vida.

3. **Yoga también es tu devoción o tu capacidad de amar.** Cada vez que de tu corazón brota devoción hacia algo o alguien y tu corazón se abre, estás practicando yoga. También cuando ofreces tu servicio en el mundo a una causa más allá de ti mismo. Esta es la faceta más importante de todas, dice Krishna. De tener que escoger una sola, debería ser esta, la devoción en todo lo que haces y la reverencia hacia la vida misma, para dotar de profundidad y significado a cada día.

Equilibrar estas tres facetas yoguis te ayuda a ser productivo en vez de obsesivo. A trabajar y a disfrutar de lo que haces. A abrir la mente, el corazón y el espíritu a algo más grande que nosotros. A confiar y a amar el camino que recorremos cada día.

Te sugiero que evalúes la proporción que existe en estos momentos en tu vida entre acción, conocimiento y devoción realizando este ejercicio.

AUTOEVALUACIÓN DEL YOGUI

Acción:

- ¿Te sientes estancado o estás emprendiendo acciones suficientes para dar pasos hacia adelante, por pequeños que sean?
- ¿Estás apegado a resultados concretos?
- ¿Estás dejando fluir demasiado sin poner estructura o disciplina en tu vida?

Conocimiento:

- ¿Sabes hacia dónde te diriges o estás dando palos de ciego?
- ¿Estás tomando decisiones y emprendiendo acciones sabiendo lo que haces y con autoconocimiento?
- ¿Dedicas tiempo regularmente para escucharte y conocerte mejor (a través de la meditación o la escritura, por ejemplo) así como para formarte en lo que te apasiona?

Devoción:

- ¿Qué dosis de cariño estás poniendo en lo que haces?
- ¿Qué grado de confianza tienes en algo más grande que lo que tu mente racional puede entender?

- ¿Das a tu trabajo un sentido que va más allá de ti?

Reflexiona acerca de tus respuestas y comprueba si están o no alineadas con los principios del *Bhagavad Gita*. Si es necesario, decide qué vas a hacer a partir de ahora para alinear y equilibrar tu acción, tu mente y tu corazón.

Escribe aquí tus observaciones:

....

....

....

....

....

....

....

TERCERA PARTE

Meditaciones para tu día a día

Nuestra vida interior es un jardín que cultivamos cada día. Para tener un jardín bonito en el que queremos pasar nuestro tiempo, necesitamos poner de nuestra parte a diario. Empezaremos por lo básico: cuidar de las condiciones del suelo y plantar semillas. **¿Qué quieres plantar en él? ¿Qué quieres cosechar en tu vida?**

Si además queremos que nuestro oasis sea productivo y variado, plantaremos diferentes semillas, que regaremos y a las que añadiremos fertilizantes y abono. Retiraremos las malas hierbas que restan nutrientes a las semillas. Cultivaremos especies complementarias que, además, atraigan a otros seres vivos beneficiosos para nuestro jardín y crearemos condiciones favorables para que las semillas se transformen en pequeñas plantas y salgan adelante.

¿Cómo cuidas de tus semillas? ¿Qué haces para favorecer que crezcan? ¿Qué prácticas puedes realizar para mejorar las condiciones del suelo y hacerlo más fértil?

La meditación es la práctica que ponemos cada día para el cultivo de nuestro jardín interior.

A la meditación podemos añadirle otras prácticas de bienestar físico, emocional y espiritual —ejercicio, dieta adecuada, terapia, aficiones, retiros de yoga y meditación— que contribuyen a que nuestro jardín prospere frondoso.

A veces nos impacientamos tratando de saber cuándo nuestro jardín dará frutos o nos obsesionamos intentando forzar su evolución. Nos gustaría que el progreso fuera más rápido, que los frutos llegaran ya, que nuestra vida cambiara con un chasquido.

Estar comprobando constantemente qué sucede bajo tierra no va a hacer que las semillas germinen antes. Hacer agujeros en el terreno para ver si las plantas ya han producido raíces es contraproducente. Por más que lo intentemos, el proceso

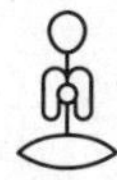

no va a ir más rápido. Solo estamos interfiriendo en él.

Crea las condiciones apropiadas, cuida tu terreno, riégalo y abónalo, pero deja que la naturaleza haga el resto y que el proceso se desarrolle a su debido tiempo.

Haz tu práctica diaria de autoconocimiento: medita, practica yoga, *running*, automasaje, escribe en tu cuaderno, pasea por la naturaleza… Tú mejor que nadie sabes cómo cuidar de tu terreno. **Pero no analices ni fuerces encontrar respuestas que aún no están listas para salir a la superficie. Estas llegan en el momento idóneo. Entre tanto, pasa tiempo en tu jardín y disfrútalo.**

Crea tu espacio sagrado

Mi abuelo Eugenio tenía una hermana mayor que era monja de clausura. Cada Navidad íbamos toda la familia a verla. Han pasado más de treinta años desde aquellas visitas, pero puedo recordar la sensación de entrar en el convento, aquel lugar de paz alejado del ruido exterior, dedicado a la contemplación y al cultivo de la vida espiritual.

Ahora, a mi manera, intento recrear ese espacio de paz también en mi vida. Busco ratos de silencio a solas, cancelo las obligaciones con el mundo exterior, ordeno mi casa…

Lo bueno de cultivar una vida espiritual es que puedes encontrar riqueza en lo más sencillo, compañía en la soledad, y plena satisfacción sin necesidad de ir a ningún sitio ni de alcanzar nada en particular. Esa es la vida a la que yo aspiro.

¿Tienes en tu vida algún tipo de retiro espiritual? ¿Dónde encuentras tu santuario? ¿Dónde te refugias para cuidar de ti? **Busca formas de crear tu lugar sagrado en casa y momentos durante la semana en los que puedas recargarte y, si es posible, estar a solas.**

Disfruta de la sensación de apartarte del mundo: apaga el teléfono, la tele y el ordenador. Enciende unas velas e incienso. Lee y escribe. Siéntete libre sin salir de casa. Siéntete pleno sin hacer nada especial. **Busca la riqueza en lo cotidiano, en las actividades más sencillas de la vida.**

En nuestra sociedad es costumbre celebrar fechas como las Navidades, las bodas o los cumpleaños. Pero en la vida hay muchos otros momentos que son el inicio o la conclusión de capítulos importantes. Muchos solo los conoces tú. Así que también puedes (¡y debes!) sacralizar en tu vida y a tu manera los momentos que quieres honrar.

Nuestros días están llenos de comienzos y finales que pasan desapercibidos, de bendiciones y de pequeños milagros. Se nos olvida dar importancia a tener agua potable para limpiarnos, relajarnos o activarnos; a una cena con vegetales y frutas culti-

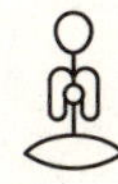

vados con cariño; a los animales que han sido sacrificados para alimentarnos...

¿Y si creamos nuestros propios ritos antes o después de momentos importantes del día? ¿Y si encendemos una vela al levantarnos para recordar a maestros, a antepasados y a todas las personas que recordamos? ¿Y si convertimos nuestra habitación en nuestro templo y nuestra vida cotidiana en una experiencia de trascendencia?

Cada mañana me gusta escoger un aceite esencial para que la naturaleza sea parte de mi día. También me gusta colocar las manos sobre el teclado de mi ordenador antes de empezar a trabajar, como una bendición previa a comenzar algo importante, aunque solo sea responder *emails.* Cuando medito en el cojín, enciendo una vela en recuerdo de todos los maestros que me han precedido y cuyas enseñanzas he recibido. Tengo una amiga que también enciende velas cuando se desmaquilla como símbolo de purificación, puesto que se quita de encima los restos del día y vuelve a ser ella en su estado natural. Así transformamos lo cotidiano en especial.

Tu vida tiene el sentido
que tú quieras darle.

Para empezar el día

Recuerdo que, en mi primer día de trabajo en Deloitte, llegué a la oficina mucho antes de la hora a la que me habían citado. Como era demasiado temprano, todas las tiendas estaban cerradas todavía, así que entré en una cafetería y pedí un café que resultó estar delicioso.

No he olvidado la sensación de aquella taza caliente entre las manos, aliviando los nervios de aquel primer día. Sentía que el calor del café me daba valor para afrontar la jornada. La cafetería estaba desierta y, rodeada del olor tostado del café, conseguí aislarme de las preocupaciones del momento y transportarme a otros momentos de mi vida. Pude ver en mi mente, como si fuera una película, los sucesos que me habían traído hasta ese día, a ese trabajo, a ese momento, a ese café. Quince minutos después, agarré el bolso y me dirigí a mi nueva vida, sintiéndome un poco más tranquila y segura.

A partir de entonces, cada mañana, antes de entrar en la oficina, me sentaba a solas en esa cafetería y, desde la ventana, observaba cómo la gente entraba al trabajo, cómo cambiaban las estaciones, el clima, la luz… Sin pretenderlo, en esos momentos conseguía verme, me encontraba con lo que habitaba mi interior ese día (el sueño, el estrés, la ilusión por el fin de semana…). A veces, me transportaba al pasado o al futuro; soñaba despierta. Después volvía al presente. Meditaba sin saber que estaba meditando.

Esos quince minutos antes de empezar la vida, a solas conmigo y con un café, son el rito con el que doy la bienvenida a un nuevo día. **Es una ceremonia íntima que realizo desde hace quince años cada mañana para recordarme que estoy aquí y ahora.**

Aunque ya no trabajo en esa oficina, mantengo la tradición de dedicar unos minutos en silencio cada mañana para honrar a cada día que vivo y a todo lo que ha sucedido que me ha traído al presente. Es otra forma de meditar y de practicar devoción, yoga.

De este modo, hago una transición consciente del mundo de los sueños al mundo de las formas; observo mi energía; me siento; tomo nota de los cambios que se van produciendo dentro y fuera de mí; pongo en orden mi mente… En esos momentos me sumerjo en mis propios ritmos antes de emerger a la superficie y cumplir con mis obligaciones. Para mí, estos momentos tienen un valor inmenso.

BIENVENIDO AL SILENCIO

Bienvenido a ti mismo. Bienvenido a este nuevo día.

Bienvenido a esta mañana luminosa, en este lugar.

No importa qué tiempo haga hoy, siente la presencia de la luz.

Cierra los ojos por fuera y ábrelos por dentro.

¿Cómo te has levantado hoy?

¿Cuál es tu nivel de energía esta mañana?

¿Qué ves? ¿Qué escuchas? ¿Qué sientes dentro de ti?

¿Cómo es tu respiración en estos momentos?

Ahora, conscientemente relaja tu frente, mandíbula, labios y hombros.

Mueve lentamente tu cuello en círculos para ir despertando tu mente.

Inspira y espira por la nariz lentamente.

Alarga tu inspiración y espiración lo más que puedas, pero sin que te resulte forzado.

Haz tu respiración silenciosa, casi imperceptible, aunque no por eso menos profunda.

Quizás notes cómo con esta respiración sutil consigues llegar más adentro.

Cuando inspires, viaja con tu oxígeno a tu interior. Siente cómo tu respiración abre espacio en ti.

Cuando espires, siente cómo el aire sale por completo, y la relajación que deja el vacío.

Haz lo posible para mantener este estado de relajación, especialmente en tu corazón.

Poco a poco, retorna a tu respiración normal y siente el efecto del silencio en ti. Recuerda lo que es volver adentro.

Cuando sientas que ha llegado el momento, abre los ojos.

Si te apetece, tómate un par de minutos para tomar notas sobre qué has sentido en esta meditación.

....

....

....

....

Ahora que te has familiarizado con el silencio que habita en ti y has podido empezar a disfrutar de esa calma que te envuelve dentro, es importante que atesores este bienestar a lo largo del día reservando momentos para la quietud y observación.

Te invito a que reflexiones sobre cómo recibes cada nuevo día con este ejercicio.

PARA EMPEZAR EL DÍA CON CALMA

¿Tienes algún hábito que te ayude a empezar cada día de forma consciente, calmado, prestando atención a tus sensaciones, a tu estado anímico, a tu energía?

Te invito a que dediques unos minutos en la mañana para estar en silencio y encontrarte en tu presencia. No tienes que hacerlo nada más levantarte si no es buen momento para ti. Puede ser antes de ponerte a trabajar, en el coche unos minutos antes de salir de casa o cuando hayas aparcado o tomándote el café de la mañana.

Dedica este tiempo para hacer contacto con la sensación de la calma, entrar en tu corazón, sentir qué sucede por dentro y qué detalles sutiles descubres.

Podrás afrontar cada día desde la serenidad y la presencia, que son remedio natural contra la distracción y la ansiedad.

Notarás que, a medida que te habitúes a esta práctica, la calma con la que empiezas el día perdurará a lo largo de la jornada.

Para acabar el día

En la vida actual es difícil, por no decir imposible, mantener de forma continuada un estado mental sin fluctuaciones, sin preocupaciones, sin deseos. Desde luego yo no he alcanzado este estado y no estoy segura de si algún día lo conseguiré. Pero lo que sí empecé a notar con el yoga y la meditación era que, durante un momento, el tiempo se suspendía.

Era una sensación muy sutil y breve de luminosidad y de espacio mental. Durante aquellos segundos, mi actividad mental frenaba y encontraba en este respiro momentáneo el mayor de los descansos. Cuando eso sucedía, recuperaba la sensación de volver a casa.

Mi profesor, Lorin Roche, dice que meditar es un instinto natural que tenemos los seres humanos, siguiendo la tendencia de la naturaleza de retornar al equilibrio. La meditación vive dentro de nosotros, no tenemos que forzarla, está aquí latente. Solo tenemos que darnos tiempo y espacio para zambullirnos en ella. Todos queremos y buscamos descansar dentro de nosotros.

Desde mis inicios con la meditación, intento recrear la sensación de llegar a casa cuando cierro los ojos y navego mi interior. Observo cómo me recibo por dentro, cuál es el ritmo de mi corazón, cómo estoy respirando, cómo siento este día dentro de mí, qué noto que falta y qué sobra…

Para mí, meditar es como regresar a mi refugio después de un largo día en el mundo. Como ocurre en el mundo material, a veces llegas a casa y te la encuentras limpia y ordenada. En cambio, otras veces es un caos.

También puede suceder que llamen a la puerta cuando menos te lo esperas o que aparezca alguien con quien no contabas y que se autoinvita. No pasa nada, aun así, sigo estando aquí, en mi refugio, y ese invitado terminará por marcharse igual que llegó. Cualquier distracción acabará evaporándose.

Puedes cultivar la sensación de llegar a casa, tanto en el mundo exterior como cuando te sientes a meditar, realizando el siguiente ejercicio.

AL LLEGAR A CASA

Cada vez que regreses a casa, pon atención en las sensaciones que percibes desde el portal hasta que estés dentro.

Observa las ganas de entrar por fin a tu hogar, de quitarte los zapatos y el abrigo, de deshacerte del peso que cargas, de ser recibido por el olor, el sonido, la luz, las personas y los objetos de casa, y de sentirte a gusto, cobijado, a salvo.

También puedes intentar recordar las sensaciones que tenías cuando llegabas a algún lugar del que guardes recuerdos especiales. A lo mejor es la casa de tus abuelos o aquella donde pasabas los veranos. Evoca cómo te sentías cuando llegabas a ese lugar.

Anota las sensaciones que te produce llegar a casa o recordar algún otro lugar del que guardes recuerdos bonitos.

....

....

....

....

....

....

....

....

....

....

....

Ahora cierra los ojos y déjate llevar por esas sensaciones. Recuérdalas, tráelas de vuelta a este momento.

Mantén tu atención adentro. Siente que entras en ti, que has llegado a ti.

Ponte cómodo. Inspira y espira ocupando todo tu espacio interior, observa qué te encuentras, pero sigue recordando y sintiendo que estás en tu casa.

Este es tu refugio y puedes volver a él cuando tú quieras. Aquí estás a salvo.

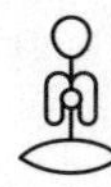

Hace años fui con mi marido a visitar Cairns, la ciudad del norte de Australia donde nació y, de paso, a bucear en la Gran Barrera de Coral. En cuanto me lancé al mar, aterricé en un universo paralelo inimaginable desde la superficie. Corales rojos que se ondulaban al ritmo de las corrientes, estrellas de mar tapizando las rocas, peces de colores y formas que no había visto hasta entonces, una tortuga gigante... Pero, al margen de aquellas maravillas, lo que más me impactó fue la sensación de vida y paz que residía en la inmensidad del mar.

Los peces se acercaban, me miraban y se marchaban sin rozarme. Cada especie con su color y su forma. Existía una vida rica a esas profundidades y, en aquel momento, yo también era parte de ella. Mientras flotaba sumergida, el resto del mundo dejó de existir. Ni siquiera tenía que hacer esfuerzo para respirar por el tubo de *snorkel*; me salía de forma natural, como si siempre hubiera sabido respirar acompasada con el océano y ambos produjéramos el mismo sonido.

A pesar de ser una experiencia completamente nueva para mí, la sentía como algo familiar, como una sensación extrañamente conocida que me hubiera estado esperando toda la vida. Por fin el océano y yo nos encontrábamos y nos reconocíamos.

Estaba presente completamente en esa experiencia, pero a la vez estaba absorta en el momento, sintiendo que me disolvía en él. Todo era perfecto. No había nada que cambiar. Sin buscarlo, estaba sumergida en un estado de profunda meditación.

Pero no hace falta irse a bucear a las antípodas para entrar en una experiencia meditativa similar. Estos momentos surgen de forma espontánea cuando menos te lo esperas. A veces, mirando una puesta de sol desde la ventana, viendo a los niños jugar felices en el parque, observando el mar desde un acantilado o escuchando música que emociona el alma con las luces apagadas en casa.

Estos momentos en los que nos encontramos absortos en nuestra experiencia y al mismo tiempo presentes en lo que está sucediendo son solo recordatorios de la paz que somos capaces de experimentar y que existe dentro de nosotros.

En ocasiones, las circunstancias externas actúan como catalizadores de la experiencia interna, pero sobre todo son recordatorios de que esa paz profunda existe y vive dentro de nosotros. Esa paz que reina bajo el mar es la misma que habita en nuestro ser. Por mucho que las olas agiten la superficie o que nos acechen tormentas y vendavales, **hay una parte**

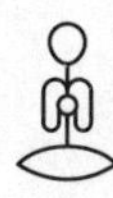

de nosotros en la que podemos sumergirnos para encontrar vida, colores y paz. El único problema es que olvidamos ponernos las gafas de buceo y sumergirnos en ello, pero siempre está ahí, esperándonos.

A menudo evoco esa sensación de paz en el océano cuando medito, cuando no puedo dormir, cuando me superan las circunstancias del mundo, cuando lo necesito o cuando me apetece. Me siento a meditar cinco minutos, diez minutos o veinte minutos y empiezo a recordar los detalles de aquel momento. Lo que veía, lo que escuchaba, lo que sentía. Cuando mi mente contacta con aquellos recuerdos, todo mi yo se relaja, aunque sea de forma sutil y transitoria.

Con la práctica regular de este tipo de visualizaciones, nuestra mente empieza a reconectar con esas sensaciones y nuestro cuerpo las reconoce como cercanas y posibles. Entonces, esos momentos vuelven a la vida al ser recordados, vuelven a llenarnos y, **a medida que te familiarizas con la práctica, acceder a esta paz profunda se hace más fácil, más accesible.**

Estas visualizaciones nos abren a un manantial de serenidad del que podemos beber siempre que lo necesitamos. **Cada vez que te sientas a estar contigo unos minutos estás profundizando en ti y acercándote a tu manantial de vida.**

Te propongo que realices esta visualización para beneficiarte de esa mina de paz que te habita.

BUCEAR EN TI

Cierra los ojos por fuera para ver mejor por dentro. Sumérgete en tus profundidades, bucea en ti.

Observa lo que se encuentra debajo de la superficie, siente el tenue movimiento de tus mares, el saludo de tus criaturas marinas, la variedad de colores y formas con la que te encuentras, las burbujas de tu respiración ascendiendo hacia la superficie..., el océano entero dentro de ti para ti.

Imagina que todo tu ser es agua y puedes nadar a través de ti.

Si lo deseas, muévete ligeramente, meciéndote en tus propias sensaciones.

Descansa en ti.

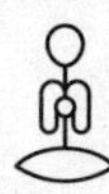

Todos, en algún momento, hemos experimentado esa sensación de no separación, de integración absoluta con el todo, de perfección, de presencia y, a la vez, de disolución.

Es importante preparar la mente para continuar coleccionando momentos especiales. Ten presente que estos momentos pueden aparecer cuando menos lo esperamos y de nosotros depende que pasen desapercibidos o que los atrapemos, les saquemos todo el jugo posible y nos los guardemos para seguir utilizándolos en el futuro.

Evoca esas sensaciones tan preciadas con la siguiente visualización.

CONECTADOS CON EL PRESENTE

Recuerda un momento en el que te hayas encontrado espontáneamente en un estado de absorción y de presencia completa en lo que estabas haciendo, donde fluías.

Quizás estabas dibujando o corriendo, haciendo yoga o ganchillo, meditando o en un estado de concentración absoluta mientras estudiabas o trabajabas.

Ve lo que veías, escucha lo que escuchabas, siente lo que sentías.

Cierra los ojos y quédate en aquel momento durante cinco minutos.

Observa el efecto que este recordatorio tiene en ti. Practícalo a menudo.

Con la práctica regular de este tipo de visualizaciones estamos:

- Recordando a la mente que estos momentos están ahí, existen, y que la sensación de paz profunda es posible y más cercana de lo que creemos.
- Habituando a la mente para que preste atención momento a momento a las sensaciones que se producen en nosotros.
- Sacando el máximo partido a momentos que, en principio, nos pasarían desapercibidos.
- Aprendiendo a estar completamente presentes en lo que sucede.
- Accediendo a nuestro remanso de paz interior y recreándola en el futuro a través de recuerdos.

No olvides vivir la vida
con los ojos bien abiertos:
guarda para ti infinitos regalos.

Para momentos difíciles

En una lata redonda de galletas danesas guardaba mis secretos. Una nota de un chico de clase en la que simplemente ponía «me gustas» y un corazón. Cartas de campamento con amigas, con membrete de colores y sobre a juego. Sellos de cartas que venían del extranjero. Pulseras rotas, colgantes desgastados por el agua de la piscina, pendientes desparejados, una flor prensada. Conchas de la playa. Piedras sin valor pero que parecían mágicas.

Cuando estaba triste o quería rememorar viejos tiempos, abría la vieja caja y me recreaba mirando mis preciadas posesiones. Pertenecían a tiempos pasados, pero mirarlas me transportaba de vuelta al verano, a momentos divertidos, a risas con amigos, a travesuras que nunca nadie conocería.

No tengo ni idea de qué pasó con mi caja de recuerdos. Me imagino que, cuando me fui a estudiar a Madrid, mi madre se deshizo de ella en alguna limpieza de la casa. Pero aunque ya no exista físicamente, a lo largo de los años he seguido ampliando esta colección de momentos dentro de mi corazón. Cuando la melancolía me atrapa, cierro los ojos e imagino que abro mi caja. Allí siguen todos.

Te invito a que experimentes con las prácticas que te ofrezco en este capítulo. Yo las utilizo en momentos de añoranza y cuando me siento estresada o insegura.

Toma nota de cómo tus sensaciones fluyen a lo largo de tu meditación, mientras tu consciencia se mantiene estable en ellas al prestarles atención.

CUANDO TE INVADA LA TRISTEZA

En momentos en los que te invada la tristeza y te encuentres solo, refúgiate en el espacio sagrado que has construido en tu casa y abre tu caja de recuerdos metafórica.

Utiliza tus vivencias pasadas para recuperar viejas sensaciones, traerlas al presente y sanarte.

Cuando hayan surtido efecto, abre los ojos y vuelve al presente para seguir ampliando tu colección de momentos que te sanarán en el futuro.

Para no olvidarte, puedes escribir en tu diario una lista de momentos especiales en tu vida, aquellos que evocan emociones positivas, y volver a ellos en tu meditación cuando los necesites. Así transformas lo efímero en eterno.

TU GUARDAESPALDAS ESPIRITUAL

Cuando sientas que te acecha la desconfianza y necesites una dosis extra de fuerza espiritual, haz este ejercicio.

Trae a la mente la sensación de una persona que haya influido positivamente en tu vida. Alguien que te inspire confianza y tranquilidad.

A lo mejor es alguien que te ayudó en un momento complicado, alguien que siempre ha estado ahí cuando lo has necesitado o una persona que te brindó una oportunidad importante en tu vida.

Siente a esa persona y visualízala detrás de ti, cubriéndote las espaldas o apoyando sus manos sobre tus hombros con calma.

Nota su presencia y su protección, como un guardaespaldas vigilando para que estés a salvo, protegiéndote.

Antes de abrir los ojos, no olvides ofrecerle tu gratitud por su influencia en tu vida.

MEDITACIÓN PARA MIEDOS IRRACIONALES

Imagina que, por unos instantes, puedes separarte del problema que te agobia, distanciarte un poco y ver el torrente de miedos y pensamientos catastróficos como un caudal de agua que pasa a tu lado.

Mira el caudal desde la orilla, sin miedo. Aquí estás seguro, estás en suelo firme.

Repite para tus adentros: «Estoy protegido, estoy a salvo», mientras el agua se lleva al mar todo lo que no necesitas en este momento.

Ahora, si quieres, abre los ojos y pósalos en la vida que te rodea: el azul del cielo, las nubes y todos los elementos que forman ese paisaje. Estás a salvo y las personas a las que quieres también.

Cada vez que te venga a la mente un miedo irracional, échalo al caudal y siéntate en la orilla a observarlo. Medita en paz sabiendo que la vida te protege. La vida está de tu parte. Confía.

Una oyente del pódcast me escribió un *email* en el que me contaba que le costaba meditar porque su mente bailaba y bailaba entre ideas, proyectos, acciones pasadas, y se dejaba arrastrar por sus pensamientos. «No me centro», me decía.

Mi respuesta fue esta: «¿Por qué bailar con tus ideas es un problema? Imagínate que bailaras con ellas de verdad y te movieras con ellas fluidamente… Podrías crear una meditación preciosa de esta manera».

Le propuse el siguiente ejercicio y lo comparto contigo por si a ti también te sirve cuando sientas que tienes la cabeza abarrotada.

EL BAILE DE PENSAMIENTOS

Cierra los ojos y quédate en silencio unos momentos.

Respira por la nariz alargando las espiraciones para contribuir a tu relajación.

En el momento en el que aparezca un pensamiento, imagina que se convierte en tu pareja de baile. Os movéis juntos con fluidez, como en un baile latino o de salón, lo que a ti te guste.

En tu baile, el pensamiento te toca, pero con suavidad, no te hace daño.

A veces él te dirige, a veces lo haces tú. Os movéis juntos.

Si otro pensamiento aparece y pide tu atención, cambia de pareja de baile.

Te agarras a él, pero no demasiado fuerte.

Y cuando estás listo, lo sueltas y bailas solo.

O te visualizas sentándote en el suelo a descansar y a mirar sin más cómo los pensamientos bailan entre sí.

Y tú te meces en tu música solo.

Si lo deseas, puedes moverte ligeramente en tu propio ritmo, hasta que el cuerpo te indique cuándo regresar a la quietud.

Anota tus experiencias en este baile de ideas.

....

....

....

....

....

....

....

....

....

....

Para amar incondicionalmente

En enero de 2020 me apunté a un retiro de meditación en Massachusetts con Sharon Salzberg dedicado casi en exclusiva a la práctica de la meditación *metta* o del amor incondicional.

Fue una de las experiencias más transformadoras que he vivido y la comparto siempre que tengo oportunidad. Creo que, si tuviera que escoger una única meditación para practicar el resto de mi vida, sería esta.

Probablemente la enseñanza más importante que saqué de aquellos días es que **el amor es vía para la liberación y que amar es una capacidad del corazón que podemos fortalecer día a día.**

Todos sabemos que el odio y la revancha nos encarcelan, pensamos que deseando el mal a otros nosotros nos vamos a sentir mejor, pero la recompensa dura muy poco tiempo porque, a la larga, esos sentimientos nos envenenan. En cambio, el amor nos salva.

Amar no significa querer pasar tiempo con todo el mundo a todas horas o invitar a gente que te ha hecho daño a tomar café a casa. Desear el bien a los demás no significa aceptarlo todo ni que los actos no tengan consecuencias. De hecho, puedes poner límites a la relación que mantienes con personas y no desearles nada malo para no llenarte de pensamientos tóxicos. Buda decía que eso lo hace la mente desentrenada.

Una mente entrenada, libre de cargas emocionales, es una mente liberada. El no llevar contigo estas cargas es lo que te ayuda a ver con claridad tu situación y a decidir cuál es tu respuesta más apropiada sin desear mal a nadie.

La meditación metta o del amor incondicional tiene por objetivo fortalecer esta capacidad de amar y de liberarnos a través del corazón. Es una práctica muy bonita que pretende mejorar la relación con nosotros mismos y con el mundo, es decir, que busca el beneficio universal.

Buda la transmitió a sus discípulos alrededor del siglo IV a. C. en lo que se conoce como *Metta Sutta*, o lo que es lo mismo, *Discurso sobre el amor incon-*

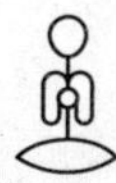

dicional o *loving-kindness*. Él decía que es necesario cultivar la capacidad de amar porque todos, absolutamente todos, somos vulnerables a la ignorancia, a equivocarnos, a sufrir y a hacer daño a otros, aunque no sea nuestra intención. Por eso todos necesitamos un abrazo y comprensión que puedes regalar y regalarte a través de tu meditación.

La manera clásica de practicar la meditación metta es dirigiendo una bendición o deseos a cuatro personas.

Estas cuatro personas son, primero, tú mismo, ya que, si no nos queremos a nosotros mismos, difícilmente querremos a los demás, y porque somos nuestra primera esfera de influencia. Después, a un benefactor, a alguien que ha hecho algo bueno por ti, a quien estás agradecido. Luego, a una persona neutral, alguien a quien no conoces demasiado, que no te ha hecho ni bien ni mal. Y, por último, a un enemigo, según las palabras de Buda.

Si quieres, empieza por una persona complicada en tu vida, no necesariamente un enemigo.

Esta es la práctica del amor incondicional.

MEDITACIÓN METTA
O DEL AMOR INCONDICIONAL

Comienza seleccionando de dos a cuatro bendiciones o deseos que te gustaría regalarte a ti mismo en estos momentos. Tradicionalmente se dice:

- Que sea feliz
- Que me encuentre a salvo de peligro
- Que tenga salud
- Que me sienta en paz

Puedes adaptar estas frases a lo que necesites en este momento.

Puedes escribirlas aquí debajo si lo deseas.

....

....

....

....

....

Cierra los ojos y acomódate en tu postura.

Siente tu propia presencia, hazte consciente de dónde estás en este momento.

Repítete estas bendiciones tres veces, deseándotelas para tus adentros.

Ahora trae a la mente la imagen de una persona que te haya hecho bien en la vida y dedícale tus bendiciones para tus adentros. Repítelas tres veces con la imagen de esta persona en tu mente.

Después, escoge a una persona neutral y también dedícale tus bendiciones.

Por último, escoge a alguien con quien hayas tenido alguna tensión o una relación algo complicada. Dedícale tus bendiciones.

Si aparecen nuevas personas en tu mente, puedes dirigirles las mismas bendiciones a ellos.

Por último, quédate en ese espacio, sintiendo lo que sientes. Si no sientes nada, no pasa absolutamente nada, practica tu ecuanimidad. Lo que es es. Ni bueno ni malo.

Cuando quieras, abre los ojos.

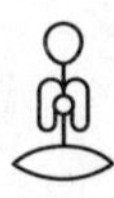

Es posible que hayan venido a tu mente imágenes de muchas personas. Es posible que te hayas llenado de sentimientos positivos. Es posible que no hayas sentido absolutamente nada.

No juzgues tu experiencia, aunque lleves muchos años practicando, habrá muchas veces en las que te sorprenderá lo que veas en tu propia mente. No te enredes en buscar el porqué, vuelve a tu meditación, en este caso, a tus buenos deseos y bendiciones.

No siempre vas a experimentar grandes olas de amor hacia la humanidad y eso no quiere decir que esta meditación no esté funcionando. Estás preparando el terreno y plantando tus semillas. Te estás entrenando.

Puesto que esta meditación trae a la mente imágenes de personas que son parte de nuestra vida, es fácil dejarnos llevar por las historias del pasado, incluso tener sentimientos contradictorios a veces. Vuelve a tu bendición. Que seas feliz, que estés a salvo, que estés sano, que estés bien.

Si te cuesta empezar por ti mismo, empieza por un benefactor o alguien a quien quieras. Deja que esos sentimientos hacia esa persona se transmitan después a ti. **No es egoísmo desearnos sentirnos en paz, sanos y bien. Difícilmente podremos actuar positivamente si partimos de un estado de odio interno.**

Si se te hace difícil enviar estos deseos a una persona con la que hayas tenido alguna rencilla, escoge otra que sea un poco menos complicada para ti o déjalo para otro momento. Pero continúa practicando.

Esta meditación puedes hacerla caminando por la calle, esperando en la cola del supermercado, con niños... Verás cómo tu corazón se abre y tu capacidad de amar se expande.

Recuerda que los efectos de la meditación van más allá de tu cojín de meditación y que se aprecian en la vida con ojos abiertos.

Epílogo

Este libro empezó a coger forma en el otoño de 2019, pero llevaba gestándose dentro de mí al menos una década. O más. Me encontraba en Madrid cuando recibí un *email* de Oriol, editor de Planeta, en el que me ofrecía la oportunidad de materializar mi experiencia con la meditación en un libro. No tenía ni idea de la estructura que tendría el texto ni por dónde empezar, pero intuía que, si me sentaba y escribía a diario, lo descubriría con el tiempo.

Comencé a escribir las primeras páginas en el avión de vuelta a Providence (Estados Unidos). Al tiempo que abría las puertas de mi apartamento en esa ciudad totalmente nueva para mí, emprendía una aventura interior.

Durante aquel invierno frío en Rhode Island, me propuse escribir cada mañana una idea, un párrafo, una página. A veces con éxito, otras no tanto. Me hice amiga de muchos camareros de cafeterías del barrio a las que acudía cada mañana para no convertirme en una ermitaña.

Mientras estaba en Providence, escribía junto a estudiantes de la Universidad de Brown y junto a jubilados que se sentaban a leer el periódico a mi lado y me preguntaban sobre qué escribía. «Aún no lo sé», respondía.

Iba abriéndome capa a capa y cada día me encontraba con algo nuevo. **A veces se me saltaban las lágrimas recordando partes de mi vida que estaban enterradas muy adentro o me emocionaba al transcribir la meditación que había tenido aquella mañana.** Incluso cuando no estaba sentada ante el ordenador, seguía escribiendo en mi cabeza.

Este libro viajó conmigo, en mi portátil, a múltiples destinos. Debido al trabajo de mi marido, tuve la oportunidad de viajar bastante durante el tiempo que vivimos en Estados Unidos. Hay partes que recuerdo escribirlas en un bloc de notas junto al mar de California. Otros capítulos nacieron en las noches de mi retiro de yoga en el centro Kripalu de Massachusetts. Escribí algunas meditaciones con las montañas de Vermont de fondo y ejercicios de autoconocimiento en el metro de Nueva York. Aproveché las paradas que hacíamos en viajes en coche por Nueva Inglaterra para tomar notas. Escribí un capítulo entero en el parque de Chapultepec, a los pies del Museo Nacional de Antropología de Ciudad de México. Apunté ideas en mi teléfono en el descanso de un partido de béisbol. Este libro estaba siempre a mi lado.

Ocho meses después, la aventura en Estados Unidos llegó a su final. Como estaba previsto, recogimos el apartamento en Providence y volvimos a Australia, que es donde vivo desde hace diez años.

Mientras el avión cruzaba el Pacífico, dejaba atrás una vida de invierno, primero en Michigan y después en Providence, y volvía a la fiesta de los sentidos, a los colores del subtrópico... Pero sentía la melancolía de haber terminado una etapa y de tener que cambiar de piel. Mientras el resto de los pasajeros dormía, medité y escribí sobre la añoranza y los momentos de transición.

Llegamos a Brisbane la semana antes de que el coronavirus cambiara la vida del planeta. Se supone que volvíamos a casa, a mi segundo país, pero yo estaba desorientada. Tenía que crear raíces de nuevo: recuperar el sentido de pertenencia a este lugar y volver a conectar con la gente que aquí es mi familia, pero con el confinamiento era imposible.

Durante las primeras semanas del confinamiento, Geoff y yo compartimos apartamento con mi cuñado. Trabajábamos los tres desde casa y, como siempre había mucho follón alrededor, me despertaba a las cinco para tener unas horas para mí, poder aclarar mis ideas y encontrar paz durante aquellos días de hecatombe mundial. Al poco tiempo surgió la oportunidad de comprar una antigua casita tradicional en Queensland y volvimos a mudarnos por cuarta vez en dos años. Necesitaba arreglos urgentes, así que continué escribiendo entre cajas, polvo y martillazos.

Cuando fue posible, volví a escribir en la cafetería en la que ideé el pódcast *Divina de la Mente* buscando reencontrarme con mi viejo yo, buscando algo de familiaridad en aquellos momentos de cambio e incertidumbre.

En el 2020 también me decidí a dar un paso que llevaba años posponiendo. Tras años intentando quedarme embarazada y no conseguirlo, mi marido y yo comenzamos un tratamiento de fecundidad *in vitro* en septiembre. Fue una decisión que me costó mucho tomar. Estar lejos de mi familia en aquellos momentos, acudir a revisiones e ingresar sola en el hospital —a veces no entendía del todo lo que me decían— y, sobre todo, la carga hormonal que me inyectaba a diario me desestabilizó durante varias semanas. No me reconocía. Durante aquella época escribí a tientas, tratando de encontrar palabras en mi cabeza, en esa bruma en la que te sumerge el cóctel de hormonas. A menudo tenía que hacerlo desde la cama, con los ojos cerrados, utilizando el dictado por voz de Gmail.

Como ves, **este libro ha sido mi compañero de viaje en una etapa de muchos cambios, de incertidumbre, de esperanza...** Cuando empezó a coger forma definitiva y casi estaba listo para ver la luz, supe que estaba embarazada.

Me sentía pletórica, apenas tenía síntomas molestos. Pasaba las tardes revisando los últimos cambios tumbada en el sofá, con un cojín en la tripa y las páginas flotando a mi alrededor. A veces la fatiga me podía y me quedaba dormida con las manos sobre el vientre. Feliz. Me sentía acompañada mientras escribía, y era una sensación maravillosa. Durante esos días vi claro a quién dedicaría este libro. *A la vida que crece en mí. Para que nunca tengas miedo a ser tú.*

Tras enviar aquellos últimos cambios a la editorial salí a dar un paseo por la ciudad, satisfecha de haber terminado mis deberes. Era un viernes luminoso de verano, un día en el paraíso. Después de varias semanas enclaustrada en casa quedé a comer con una amiga que llevaba años sin ver. Después fui a buscar a mi marido a su oficina. Tomamos un café juntos e hicimos planes para la cena.

Esa misma tarde, al llegar a casa, me di cuenta de que había manchado ligeramente la ropa y tenía un leve dolor abdominal. Aunque estos síntomas se producen en embarazos sanos, mi intuición me alertó de que algo no iba bien. Para quedarnos más tranquilos decidimos ir al hospital.

No hace falta que te cuente todos los detalles de lo que pasó durante aquellas horas, pero tras la ecografía el médico nos dio el pésame.

En un momento tu vida se da la vuelta. Sueños, ilusiones, planes de futuro se deshacen sin que puedas hacer nada por evitarlo. El día luminoso de verano se transforma en una noche fría dentro de un hospital.

Las siguientes horas las pasé en casa, sumida en una total confusión, con dolor y pena, frustración, rabia, preguntándome qué pude haber hecho para evitar esa situación. La respuesta es absolutamente nada. Por lo que me explican, mi aborto se debió probablemente a alguna anomalía cromosómica, y como la naturaleza sabe mejor que nadie, canceló el desarrollo del embrión para evitar —y evitarme— un sufrimiento posterior mucho mayor. Sin embargo, al tratarse de un aborto diferido, la placenta y el resto de mi cuerpo continuaron tratando de alimentar, arropar y proteger esa pequeña vida que se iba. O así es como lo siento yo. De alguna forma, mi cuerpo me permitió seguir adelante con fuerzas e ilusión durante cinco semanas más, hasta concluir el trabajo más importante que he realizado en mi vida, escribir un libro. Guardaré para siempre, en mi caja de recuerdos, aquellas tardes de verano que pasamos juntos.

Con la conclusión de *Divina de la Mente*, se puso en marcha dentro de mí el proceso para dar fin a lo que ya no era viable, el dejar ir más profundo que he sentido, para hacer espacio a nuevas esperanzas y oportunidades en el futuro.

A los pocos días, me desperté sin dolor. Me hice un café y me senté a meditar temprano. Un alma nueva me acompañaba, ella y yo nos volvíamos a encontrar.

A través de estas páginas me he sanado, me he liberado y he conectado con partes de mí muy profundas. Ojalá te hayan inspirado a ti también y continúen haciéndolo a lo largo del tiempo.

Ha sido un privilegio y una gran suerte poder escribir *Divina de la Mente* en estos tiempos tumultuosos porque me ha obligado a continuar indagando dentro de mí, a seguir buscando respuestas, a seguir recordándome a diario lo que no debo olvidar. Pero el mayor privilegio es haber sido tu compañera en este viaje a tu interior mientras lo leías.

Las meditaciones y reflexiones que te ofrezco en este libro son una puerta abierta a mi yo más profundo, pues reflejan mis experiencias. Entre ellas vivo.

Quizás esperabas que en sus páginas te indicara pautas estrictas para meditar. Que te diera instrucciones sobre el número adecuado de minutos diarios, la hora y el lugar idóneos. Que te enseñara a preparar un altar con cuencos tibetanos, flores y tu cojín de meditación. Que te contara un ritual de purificación con palo santo e incienso. A lo mejor buscabas una metodología que, paso a paso, te mostrara el camino hacia la iluminación. Pero esa nunca fue mi intención.

Cuando empecé a meditar, yo buscaba esa metodología. Quería un hábito al que someterme. En realidad, buscaba una forma más de ejercer poder sobre mí, sobre mis emociones, sobre mis instintos. Cuando lo cumplía a rajatabla, sentía que tenía control sobre mi vida. Pero cuando no era capaz porque me quedaba dormida, porque se me olvidaba o porque no se daban las condiciones óptimas, me frustraba. Me decía que no era lo suficientemente buena o disciplinada para meditar y que tampoco lo era en otros aspectos de mi vida. Iba más allá diciéndome que no era un ser de luz porque ellos no tienen problemas de disciplina. Así, percibía la meditación como una forma más para evaluarme y dominarme. Por eso, **durante un periodo de mi vida, la meditación fue una obligación, un *check* en mi lista de tareas, más que una llamada instintiva.** Hasta que me crucé en el camino con Lorin Roche y su mujer, Camille Maurine.

Creo que tengo mucha suerte de haberlos encontrado al comienzo de este camino porque me hicieron darme cuenta de que así solo me estaba haciendo daño, eso sí, amparada bajo el noble paraguas de la espiritualidad. Me enseñaron a adaptar mi práctica a las circunstancias de cada día. **Me mostraron que se puede alcanzar una experiencia meditativa profunda en cualquier momento y lugar sin necesidad de un cojín ni de media hora libre exacta; con ruidos o sin ellos; en Bali o en el autobús de camino al trabajo.** La vida a veces se calla y otras no… Así es la vida. Ellos me enseñaron a utilizar la práctica en mi beneficio y celebrando ser quien soy en cada momento.

Hay días que medito al amanecer, otros lo hago mientras desayuno o mientras paseo. A veces me tumbo en el sofá, otras veces me siento en mi cojín, según cómo me encuentre ese día y lo que sea cómodo para mi cuerpo. Intento mantener la atención en la práctica, pero a veces me quedo dormida. A veces medito durante un minuto, a veces durante treinta. Muy a menudo se producen interrupciones —el repartidor, mi marido, una llamada importante—, lo dejo momentáneamente y después lo retomo. A veces mi cuerpo me pide moverme y bailar en la cocina, dejándome llevar instintivamente, fluyendo. En momentos dolorosos, estoy en la cama hecha un ovillo. Pero es que mi cuerpo sabe lo que necesito de verdad y siempre lo ha sabido. Mi cuerpo siempre busca protegerme.

Para mí, meditar no es otra cosa que dedicar un tiempo cada día para volver a enamorarme de la vida, tanto de la interna como de la de ahí afuera. Es mi tiempo para reencontrarme con mi cuerpo y sus señales, con mi mente y sus cosas, con mi espíritu que anhela ir más allá. **Meditando reúno mi cuerpo, mi mente y mi espíritu en un mismo espacio y observo cómo interactúan, qué se dicen... Así, por fin, unifico mis tres centros antes de volver a abrir los ojos. Esto es la consciencia.**

Todas las prácticas de este libro son invitaciones para que no te pierdas nada de tu vida, para que puedas vivirla con plenitud sea cual sea tu situación, te encuentres donde te encuentres y para que no dejes de ser quien tú eres.

Durante la última década, he estudiado con otros maestros, he asistido a cursos y retiros, he leído muchos libros sobre diferentes tradiciones para conocer más y poder enseñar mejor a quien esté interesado en descubrir este camino de transformación personal. Pero la premisa esencial para realizar mi práctica sigue siendo la misma: **si quieres que tu meditación sea duradera y sostenible en el tiempo, debe ser flexible para adaptarse a tus etapas vitales cambiantes.**

Como dice mi profesor Lorin Roche: «Que la meditación sea la llamada a la que estás deseando acudir cada día». **Encuentra en tu meditación tu espacio más íntimo, sobre el que solo tú tienes autoridad. Hazlo tuyo, crea tus propias reglas.** Las técnicas de meditación son útiles como vías para llegar a tu interior, pero no son el fin en sí mismas. Hay una enseñanza atribuida a Buda que dice que cuando un maestro señala a la luna, el alumno debe saber distinguir entre el dedo y la luna. No te quedes en el dedo, ve más allá. Conoce la luna, el sol y las estrellas.

Por último, me gustaría compartir contigo una última meditación. Te deseo lo mejor para esta vida.

MEDITACIÓN DE GRATITUD Y REVERENCIA

Junta las palmas de las manos en el centro de tu pecho en anjali mudra, es decir, en posición de rezo. Inclina la barbilla ligeramente hacia tus manos en un gesto de reverencia.

Si lo deseas, puedes dedicar estas palabras de reconocimiento y gratitud a alguien que te haya ayudado en tu camino y a la presencia con la que vives este momento:

«Infinita reverencia y gratitud a todos nuestros antecesores y maestros que han hecho este camino antes y me han regalado sus enseñanzas, y a mí por mi presencia plena en este momento, desde mi corazón. Namasté».

Sin cambiar la posición de tus manos, colócalas ahora en tu frente, honrando a tu mente, a tu habla, a tu corazón.

Después llévalas junto a tus labios, honrando tu habla.

Por último, devuélvelas junto a tu pecho, honrando tu corazón.

Abre los ojos.

Agradecimientos

A todas las personas que escucháis el pódcast *Divina de la Mente*. Sin vosotras este libro no hubiera sido posible. A todos aquellos que a lo largo de estos años habéis confiado en mí y me habéis dejado entrar a un pedacito de vuestras vidas, ya sea a través de sesiones de *coaching*, *emails* o mensajes. Esas conversaciones que hemos tenido han sido inspiración para este libro. Para todos los que meditáis conmigo, gracias por dejarme ser parte de vuestros días.

A mis padres, por el cariño inmenso que me habéis dado y por el sacrificio que habéis hecho por Blanca y por mí durante toda nuestra vida. Por dejarnos salir a explorar el mundo, aunque nos echemos tantísimo de menos todos. A mi hermana, por ser mi mejor amiga y mi gran apoyo siempre. Gracias por tus dotes creativas que siempre me sacan de apuros. Gracias por crear el logo de *Divina de la Mente*. Eres increíble. Y, por encima de todo, por regalarme la experiencia de ser tía. Os quiero.

A Geoff, por ser la roca que siempre me sostiene y por demostrarme desde el primer día tu amor sin condiciones. Gracias por cuidar de mí hasta en los detalles más pequeños.

Al resto de mi familia y a mis amigas de Salamanca y Madrid, por animarme desde la distancia y no olvidaros de mí, a pesar de llevar lejos tantos años. Os quiero muchísimo y estoy deseando volver a veros. A Regina por habernos cuidado tantos años.

A mi familia australiana por acogerme en este país y hacerme sentir en casa y a todas mis amigas de Brisbane por ser mi grupo de apoyo en esta aventura de vivir en las antípodas. Gracias por incluirme en vuestras vidas.

A Imogen, por ser la mejor socia que se puede desear para un negocio. Qué bien lo pasé contigo en Crave for Crafts.

A Hanna, tus fotos para *Divina de la Mente* son maravillosas. Ojalá volvamos a reencontrarnos en algún lugar del planeta algún día.

A todos los maestros que con sus enseñanzas en esta vida y en otras pasadas han transmitido su sabiduría de generación en generación. En especial gracias a Lorin Roche y a su mujer Camille por enseñarme una forma de meditar que me cambió la vida. A Sharon Salzberg, Jack Kornfield, Joseph Goldstein, Tara Brach, Carlos Pomeda, Stephen Cope y Sally Kempton por enseñarme diferentes caminos hacia mi interior. A Michael Stone: aunque no estés entre nosotros, tus libros me han abierto los ojos a nuevas filosofías de vida.

A Julie Smerdon y todos los profesores de Shri por crear en Brisbane el santuario urbano de yoga en el que empecé a andar este nuevo camino. Por mostrarme que podía hacer y enseñar yoga con el cuerpo que Dios me ha dado, sin tener que ser alguien diferente.

A Elena Brower por enseñarme a tomar las riendas de mi vida y ser la mejor mentora que se puede desear.

A Fernando, gracias por todo lo que has hecho por mí a lo largo de los años y por ser el mejor exmarido posible.

Y en el proceso de creación de este libro estoy inmensamente agradecida a Laura y Alba por guiarme en dar estructura a las páginas de este libro cuando no tenía ni pies ni cabeza. Ha sido facilísimo trabajar con vosotras y he aprendido mucho en el proceso. A Oriol, que me dio la oportunidad de escribirlo y confió en mí desde el primer momento, y al resto del equipo de Planeta por vuestra ayuda al diseñarlo, maquetarlo y distribuirlo.

A Allende, la entrevista que me hiciste en 2019 marcó un antes y un después en mi vida. A Trevor Hall, por la música que me ha acompañado escribiendo este libro. A Amy Lewis por ayudarme a crear una práctica de escritura sostenible. A los dueños y camareros de las cafeterías que han sido mi casa durante este tiempo, por acogerme durante horas cada mañana y tener que verme hablando y gesticulando sola.

Gracias a Dios por regalarme esta vida llena de gente maravillosa.

Bibliografía recomendada

Estos son los libros que me han inspirado a lo largo de los años y que recomiendo leer si quieres profundizar en el mundo del autoconocimiento y la meditación.

SOBRE MEDITACIÓN

DASS, Ram, *Journey of Awakening*, Nueva York, Bantam Books, 1999.

D' ORS, Pablo, *Biografía del silencio*, Barcelona, Galaxia Gutenberg, 2020.

MAURINE, Camille, y ROCHE, Lorin, *Meditation Secrets for Women*, San Francisco, HarperOne, 2001.

NISARGADATTA, Maharaj Sri, *Yo soy eso*, Alcorcón, Sanz y Torres, 2011.

ROCHE, Lorin, *Meditation Made Easy*, San Francisco, HarperOne, 1998.

— *The Radiance Sutras*, Louisville, Sounds True, 2014.

YOUNG, Shinzen, *La ciencia de la Iluminación*, Málaga, Sirio, 2018.

SOBRE BUDISMO

CHAH, Ajahn, *Food for the Heart*, Somerville, Wisdom, 2005.

GOLDSTEIN, Joseph, *La meditación vipásana*, Novelda, Dharma, 2005.

— *Mindfulness*, Málaga, Sirio, 2015.

KORNFIELD, Jack, *La sabiduría del corazón*, Barcelona, La Liebre de Marzo, 2010.

— *Camino con corazón*, Barcelona, La Liebre de Marzo, 2016.

NHAT HANH, Thich, *El corazón de las enseñanzas de Buda*, Barcelona, Zenith, 2018.

SALZBERG, Sharon, *Lovingkindness*, Boulder, Shambhala, 2020.

SOBRE YOGA Y FILOSOFÍA DEL YOGA

COPE, Stephen, *Yoga en busca de uno mismo,* Buenos Aires, Atlántida, 2001.

DESIKACHAR, T. K. V., *El corazón del yoga,* Rochester, Inner Traditions, 2003.

DEVI, Nischala Joy, *The Secret Power of Yoga*, Nueva York, Three Rivers Press, 2007.

IYENGAR, B. K. S., *Luz sobre el yoga*, Barcelona, Kairós, 2019.

LITTLE, Tias, *Yoga of the Subtle Body*, Boulder, Shambhala, 2014.

MUKTIBODHANANDA, Swami, *Hatha Yoga Pradipika*, Munger, Yoga Publications Trust, 2016.

POWERS, Sarah, *Insight Yoga*, Boulder, Shambhala, 2009.

SATCHIDANANDA, Sri Swami (trad.), *Los yoga sutras de Patánjali*, Yogaville, Integral Yoga, 2013.

STONE, Michael, *La tradición profunda del yoga*, Buenos Aires, El hilo de Ariadna, 2020.

TIGUNAIT, Pandit Rajmani, *The Secret of the Yoga Sutra*, Honesdale, Himalayan Institute Press, 2015.

— *The Practice of the Yoga Sutra*, Honesdale, Himalayan Institute Press, 2017.

SOBRE HINDUISMO, VEDAS Y *UPANISHADS*

ARMSTRONG, Karen, *El arte perdido de las Escrituras*, Barcelona, Paidós, 2020.

MITCHELL, Stephen, *Bhagavad Gita,* Nueva York, Three Rivers Press, 2002.

RADHAKRISHNAN, S., *The Principal Upanishads*, Noida, Harper Collins India, 1994.

SOBRE TAOÍSMO

MITCHELL, Stephen, *Tao Te Ching*, Harper Collins, 2006.

TOWLER, Solala, *Practicing the Tao Te Ching*, Boulder, Sounds True, 2016.

SOBRE AUTOCONOCIMIENTO

BENNETT-GOLEMAN, Tara, *Alquimia emocional*, Barcelona, Vergara, 2019.

BRACH, Tara, *Refugio verdadero*, Móstoles, Gaia, 2015.

DISPENZA, Joe, *Sobrenatural*, Madrid, Urano, 2018.

SOBRE PROGRAMACIÓN NEUROLINGÜÍSTICA

HOOBYAR, Tom, DOTZ, Tom, y SANDERS, Susan, *NLP: The Essential Guide to Neuro-Linguistic Programming,* Nueva York, William Morrow, 2013.

O'CONNOR, Joseph, *NLP Workbook*, Berkeley, Conari Press, 2001.

— y LAGES, Andrea, *Coaching con PNL*, Madrid, Urano, 2005.

POESÍA Y LECTURAS INSPIRADORAS

JIMÉNEZ, Juan Ramón, poema «Donador», incluido en *Eternidades*, Madrid, Visor Libros, 2007.

LIGHTHORSE, Pixie, *Oraciones de veneración: Voz*, autoeditado, 2020.

OLIVER, Mary, poema «The Journey», incluido en *Dream Work*, Nueva York, Atlantic Monthly Press, 1986.

WHYTE, David, *Consolations*, Edimburgo, Canongate, 2019.

Índice de meditaciones